westermann

Denken *und* Rechnen

Erarbeitet von:
Angelika Elsner
Peter Sandmann
Roswitha Seidler
Marion Weigl

Unter Beratung von:
Dieter Klöpfer
Nadine Raisch
Sandra Schütz

2

1 · 6 = 6
2 · 6 = 12
10 · 6 = 60
5 · 6 = 30

Zahlen und Operationen   Raum und Form   Größen und Messen   Daten und Zufall

Zahlen und Operationen　　　Raum und Form　　　Größen und Messen　　　Daten und Zufall

1 Sprecht über das Bild.

1 Sachsituationen beschreiben und dazu Rechengeschichten finden. Anzahlen von Kindern auf dem Bild schätzen lassen.
Die Seiten 4 und 5 können zum jahrgangskombinierten Arbeiten verwendet werden
vgl. Denken und Rechnen Klasse 1 Seiten 4 und 5.

1 Welche Aufgabe passt zum Bild? Begründet und rechnet.

a)

4 – 3
4 + 3
7 – 3

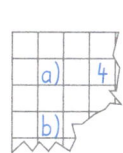

b)

2 + 8
8 – 2
6 – 2

c)

7 + 5
7 + 2
7 – 2

d)

8 + 4
8 – 4
12 + 4

2 Finde passende Fragen zu den Rechengeschichten.   Besprecht eure Fragen.

a) Der Verkäufer am Kiosk hatte am Morgen 6 Waffeln vorbereitet. 2 hat er schon verkauft.

b) Auf den Stufen zum Wasserbecken sitzen 8 Kinder. 5 setzen sich dazu.

c) 5 Freunde waren zusammen im Schwimmbad. 3 wurden schon abgeholt.

3 Finde jeweils eine passende Rechnung und Antwort.

a) 7 Kinder fahren mit dem Rad und 5 Kinder mit dem Roller ins Freibad. Wie viele Kinder sind es zusammen?

b) 11 Kinder sind am Schwimmkurs angemeldet. 8 Kinder sind schon da. Wie viele Kinder fehlen noch?

4 Finde jeweils eine passende Frage, Rechnung und Antwort.

a) Am Sprungturm stehen 12 Kinder an. 2 Kinder haben Angst und verlassen den Turm wieder.

b) An der Rutsche warten 6 Kinder. 2 Jungen und 2 Mädchen kommen noch dazu.

c) Beim Bademeister gibt es 16 Tauchringe. 7 sind schon ausgeliehen.

d) Am Kiosk kostet eine Kugel Eis 1 €. Felix kauft für sich und seine 2 Geschwister je eine Kugel Eis.

5 Schreibe Rechengeschichten zu den Aufgaben.

a) 4 + 4   b) 8 + 7   c) 8 – 5   d) 12 – 5

1 Die kleine Aufgabe hilft dir beim Rechnen.

a) 2 + 5   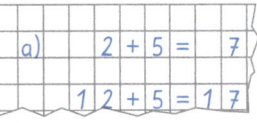 b) 7 + 2   c) 8 + 1   d) 3 + 7
   12 + 5   17 + 2   18 + 1   13 + 7

e) 3 + 4   f) 9 + 1   g) 3 + 6   🐝 h) 2 + 8   🐝 i) 5 + 4
   13 + 4   19 + 1   13 + 6   12 + 8   15 + 4

2 Schreibe immer auch die kleine Aufgabe.

a) 14 + 3   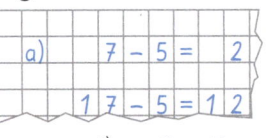 b) 15 + 2   c) 11 + 5   🐝 d) 16 + 2
   16 + 4   12 + 3   13 + 3   15 + 4
   11 + 8   13 + 4   15 + 1   14 + 6

3 Rechne geschickt.   👥 Vergleicht eure Rechenwege.

$4 + 6 = 10$

a) 4 + 6 + 5   b) 5 + 9 + 5   🐝 c) 6 + 6 + 4   🐝 d) 2 + 8 + 7
   3 + 7 + 7   3 + 4 + 7   7 + 9 + 3   9 + 5 + 1
   6 + 4 + 9   8 + 5 + 2   3 + 7 + 8   3 + 3 + 7

4 Die kleine Aufgabe hilft dir beim Rechnen.

a) 7 − 5   b) 8 − 5   c) 5 − 5   d) 9 − 0
   17 − 5   18 − 5   15 − 5   19 − 0

e) 5 − 3   f) 6 − 5   g) 10 − 3   🐝 h) 7 − 4   🐝 i) 9 − 7
   15 − 3   16 − 5   20 − 3   17 − 4   19 − 7

5 Schreibe immer auch die kleine Aufgabe.

a) 15 − 4   b) 17 − 2   c) 19 − 3   🐝 d) 18 − 5
   16 − 3   14 − 4   17 − 1   16 − 4
   14 − 2   18 − 2   18 − 7   19 − 6

6 Forschen Finde zu jedem Ergebnis drei Minusaufgaben.

a) Ergebnis 10   a) 15 − 5 = 10   b) Ergebnis 2   c) Ergebnis 5
                     17 − 7 = 10
                     11 −
d) Ergebnis 7   e) Ergebnis ▆   🐬 f) Ergebnis 30

1, 2, 4, 5 Analogieaufgaben nutzen.
3 Lösungsweg thematisieren.
6 Forscherheft nutzen. e) Offene Aufgabe.

Plusaufgaben bis 20 mit Zehnerübergang

1 Wie rechnest du? Vergleicht und beschreibt die Lösungswege der Kinder.

$8 + 9$

Erst zum Zehner...
$8 + 9$ rechne ich
$8 + 2 + 7$

Lisa

Die Nachbaraufgabe hilft!
$8 + 8 = 16$, also ist $8 + 9$ ...

Marie

Ich rechne lieber die Tauschaufgabe $9 + 8$ ...

Marius

Erst 10 dazu und dann 1 weg.
$8 + 10 - 1$

Tom

2 Rechne auf deinem Weg. Vergleicht eure Lösungen.

a) $8 + 7$ b) $9 + 8$ c) $3 + 8$ d) $9 + 3$ e) $4 + 8$
$5 + 6$ $4 + 7$ $9 + 5$ $7 + 5$ $8 + 6$
$7 + 6$ $6 + 9$ $5 + 7$ $3 + 9$ $7 + 9$
$8 + 5$ $8 + 4$ $7 + 8$ $6 + 7$ $9 + 4$
$9 + 7$ $6 + 8$ $4 + 9$ $5 + 8$ $5 + 9$

3 Rechne erst die Verdoppelungsaufgabe, dann die Nachbaraufgaben.

a)
$7 + 6$ $6 + 7$
$7 + 7$ $7 + 7$
$7 + 8$ $8 + 7$

b)
$5 + 4$ $4 + 5$
$5 + 5$ $5 + 5$
$5 + \blacksquare$ $6 + \blacksquare$

c)
$8 + \blacksquare$ $\blacksquare + 8$
$8 + 8$ $8 + 8$
$8 + \blacksquare$ $\blacksquare + 8$

4

a)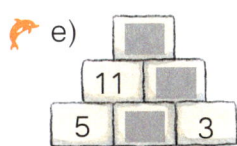

b)

c)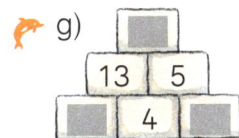

d)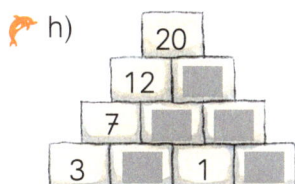

e)

f)

g)

h)

5 Knobeln Finde passende Zahlen.

a)

---

3 Nachbaraufgabe: dem Partner beschreiben, wie sich die Zahlen und das Ergebnis verändern.

4 d) Offene Teilaufgabe.

AH 3

1 Wie rechnest du? Vergleicht und beschreibt die Lösungswege der Kinder.

Die Nachbaraufgabe hilft.
16 − 8 = 8, also ist
16 − 9 …

Marie

16 − 9

Erst 10 weg
und dann 1 dazu.
16 − 10 + 1

Marius

Erst zum Zehner.

16 − 9 rechne ich
16 − 6 − 3

Lisa

2 Rechne auf deinem Weg.   Vergleicht eure Lösungen.

a)	b)	c)	d)	e)
12 − 5	16 − 7	15 − 9	17 − 9	11 − 6
13 − 6	15 − 6	12 − 4	13 − 5	14 − 9
14 − 7	14 − 5	14 − 8	12 − 7	13 − 7
15 − 8	13 − 4	11 − 5	15 − 7	12 − 8

3 Rechne erst die Aufgabe, dann die Nachbaraufgaben.

a)
14 − 6	13 − 7
14 − 7	14 − 7
14 − 8	15 − 7

b)
12 − 5	11 − 6
12 − 6	12 − 6
12 − ■	■ − 6

c)
16 − ■	■ − 8
16 − 8	16 − 8
16 − ■	■ − 8

4

a)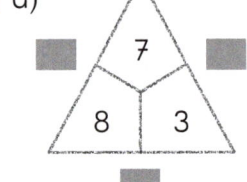

b)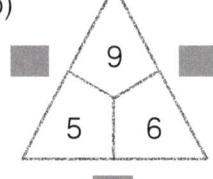

c)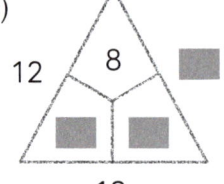

d)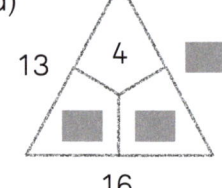

e)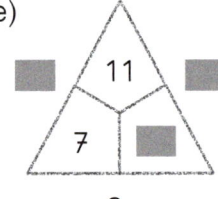

f)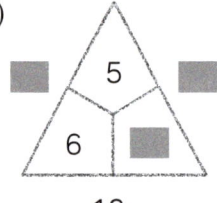

g)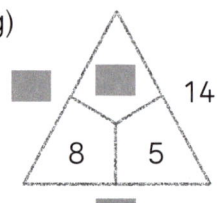

h)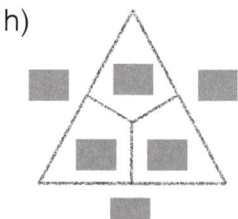

5 Knobeln   Finde passende Zahlen.

a)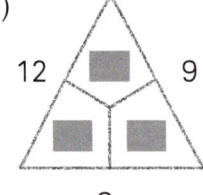

b)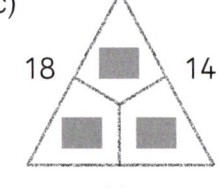

c)

d)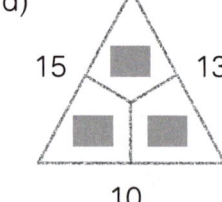

8

2 Evtl. darüber sprechen, dass die Umkehraufgabe als Überprüfung des Ergebnisses einer (Minus-)Aufgabe genutzt werden kann. **3** Nachbaraufgabe: dem Partner beschreiben, wie sich die Zahlen und das Ergebnis verändern. **4** h) Offene Teilaufgabe.

1 Setze fort und rechne.

Beschreibt, wie sich die Zahlen und das Ergebnis verändern.

a)
```
3 + 4
4 + 4
5 + 4
▩ + ▩
```
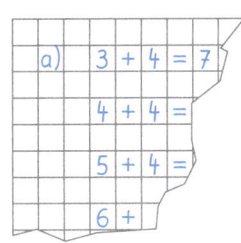

b)
```
5 + 4
5 + 5
5 + 6
▩ + ▩
```

c)
```
10 + 8
10 + 7
10 + 6
▩ + ▩
```

d)
```
7 + 2
7 + 3
7 + 4
▩ + ▩
```

2 Entscheide. Stark oder nicht stark?

a)
```
2 + 3
3 + 3
6 + 3
5 + 3
```
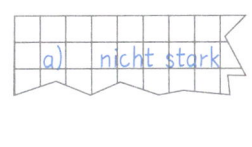

b)
```
3 + 2
3 + 4
3 + 6
3 + 8
```

c)
```
5 + 2
6 + 3
7 + 5
8 + 5
```

d)
```
8 − 5
9 − 4
10 − 3
11 − 2
```

e)
```
6 − 4
8 − 4
10 − 4
11 − 4
```

3 Aus nicht starken Päckchen sollen starke Päckchen werden.
Ändert eine Zahl. Rechnet.

 *Dieses Päckchen ist nicht stark.*

```
3 + 2
3 + 3
3 + 6
3 + 5
```

```
3 + 2
3 + 3
3 + ④
3 + 5
```

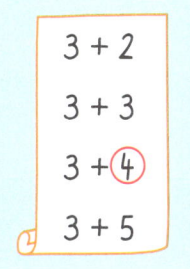 *Ich ändere eine Zahl. Jetzt ist das Päckchen stark.*

a)
```
4 + 2
5 + 3
6 + 4
7 + 6
```
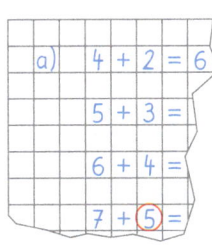

b)
```
5 + 3
6 + 3
7 + 3
8 + 2
```

c)
```
8 + 3
7 + 4
6 + 5
5 + 5
```

d)
```
15 + 8
15 + 7
15 + 6
15 + 4
```

4 Aus nicht starken Päckchen sollen starke Päckchen werden.
Ändere eine Zahl. Rechne.

a)
```
9 − 9
9 − 8
9 − 7
9 − 6
9 − 4
```

b)
```
14 − 4
13 − 4
12 − 4
15 − 4
10 − 4
```

c)
```
16 − 8
15 − 7
14 − 6
13 − 5
11 − 4
```

d)
```
12 − 3
10 − 3
8 − 3
7 − 3
4 − 3
```

e)
```
16 − 0
18 − 2
20 − 5
22 − 6
24 − 8
```

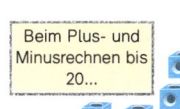 Beim Plus- und Minusrechnen bis 20...

2 Diff.: Aufgaben rechnen und starke Päckchen fortsetzen.   AH 4

Den eigenen Lernstand einschätzen und entsprechende Anzahl Steckwürfel stecken. *Vier Steckwürfel:* ...bin ich sicher.
Drei Steckwürfel: ...kann ich vieles.   *Zwei Steckwürfel:* ... kann ich etwas.   *Ein Steckwürfel:* ...bin ich noch unsicher.

9

1 Jeder will die Hälfte. Erzählt und spielt nach. Was fällt euch auf?

Rica und Jan haben zusammen 12 Würfel.

Eva und Lars haben zusammen 15 Würfel.

2 Nehmt jeweils die Anzahl an Würfeln und verteilt sie gerecht an zwei Kinder.

a) 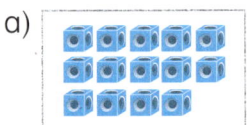 b)  c)  d)

📖 **Wortspeicher**

Gerade Zahlen kann man halbieren.   **Ungerade** Zahlen kann man nicht halbieren.

---

3 Schreibe die Zahlen bis 20 auf.
Kreise gerade Zahlen grün und ungerade Zahlen rot ein.
Was fällt dir auf?

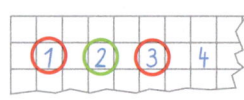

4 Forschen Was fällt dir an den Ergebnissen auf?

a) Rechne mit diesen geraden Zahlen
vier Plusaufgaben.

| 2 | 4 | 6 | 8 | 10 |

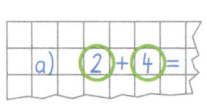

a) $2 + 4 =$

Wenn ich zwei gerade Zahlen zusammenrechne, erhalte ich ...

b) Rechne mit diesen ungeraden Zahlen
vier Plusaufgaben.

| 1 | 3 | 5 | 7 | 9 |

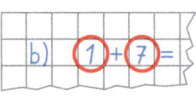

b) $1 + 7 =$

Wenn ich zwei ungerade Zahlen zusammenrechne, erhalte ich ...

5 Forschen

Wenn ich eine gerade und eine ungerade Zahl zusammenrechne, erhalte ich ...

Probiere aus.
Schreibe Rechnungen.

Wortspeicher nutzen.
2 Diff.: Mit weiteren Anzahlen an Steckwürfeln probieren.
4 und **5** Forscherheft nutzen.

1

Stelle Lastzüge mit jeweils einem Anhänger zusammen.
Zeichne verschiedene Möglichkeiten geordnet auf.
Erkläre, wie du geordnet hast.

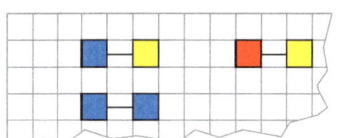

2 Forschen Wie viele Möglichkeiten gibt es?

a)

b)

c)

3 Überlege, wie die Kinder
die Aufgaben gebildet haben.
Vergleicht und besprecht.

	Paul	Anna	Peter
	2 + 4 = 6	2 + 4 =	2 + 4 =
	2 + 5 = 7	3 + 4 =	3 + 5 =
	3 + 4 = 7	2 + 5 =	2 + 5 =

4 Welche Plusaufgaben kannst du bilden? Kombiniere und rechne.

a)

b)

5 a)

b)

6 Erfinde eigene Lkw-Aufgaben.

a)

b)

c) Wie viele Aufgaben gibt es jeweils?

Beim
Kombinieren...

1 und 2 Die verschiedenen Möglichkeiten zunächst probierend ermitteln.
2 Forscherheft nutzen. 3 Über die Vorteile einer systematischen Anordnung sprechen.
Diff.: Möglichkeiten systematisch anordnen. 6 Offene Aufgabe.

AH 6

11

1 Beschreibt,
wie Laura und Tim die Bauwerke sehen.
Beginnt links.

2 Laura schaut auf den Tisch. Sie beantwortet die Fragen.
Welche Farbe hat das Haus?

a) rechts neben dem

b) rechts neben dem

c) links neben dem

d) links neben dem

e) zwischen  und

f) zwischen und

g) Wie beantwortet Tim die gleichen Fragen?

3 Wer sagt das jeweils?

a) Rechts vom Auto sehe ich einen Bleistift.

b) Vor dem blauen Gebäude liegt eine Schere.

c) Rechts neben dem braunen Gebäude steht das blaue Gebäude.

d) Rechts vom Bleistift sehe ich ein Auto.

e) Vor dem blauen Gebäude liegt ein Bleistift.

f) Hinter dem blauen Gebäude sitzt Laura.

g) Hinter dem blauen Gebäude liegt eine Schere.

h) Zwischen dem gelben und dem blauen Gebäude sehe ich das rote Gebäude.

i) Rechts vom grünen Gebäude steht nichts.

4 Ihr steht hinter Laura.
a) Wo steht das grüne Gebäude?
b) Wo liegt der Stift?
c) Wo steht das Auto?
d) Wo liegt die Schere?

5 Ihr steht hinter Tim.
a) Wo liegt die Schere?
b) Wo steht das blaue Gebäude?
c) Wo sitzt Laura?
d) Wo steht das rote Gebäude?

12   AH 8

3 h) Es gibt zwei Lösungen.
4 und **5** Verschiedene Antworten sind möglich.

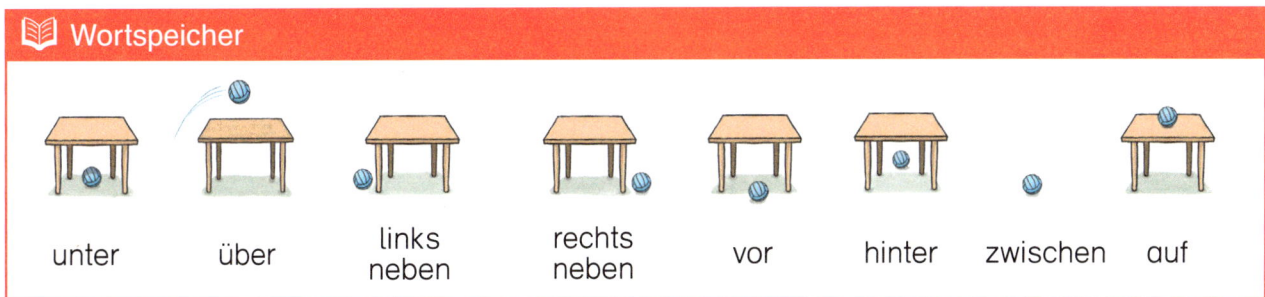

| unter | über | links neben | rechts neben | vor | hinter | zwischen | auf |

6 Baue nach, was dein Partner beschreibt.

Auf dem Tisch liegen drei rote Steckwürfel nebeneinander. Auf dem mittleren befindet sich ein blauer Steckwürfel.

Auf dem mittleren ist ein blauer Steckwürfel.

7 Beschreibt euch gegenseitig diese Figuren.

 A

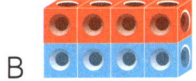 B

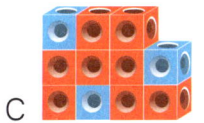 C

 D

8 Wer hat welche Figuren gebaut? Besprecht.

Die untere Reihe besteht aus 4 roten Würfeln. Auf dem zweiten Würfel von links steckt ein roter Würfel und rechts daneben ein blauer Würfel. Auf den roten Würfel habe ich noch 2 blaue Würfel gesteckt.
Durim

Ganz unten befinden sich 4 rote Steckwürfel in einer Reihe. Über dem zweiten Würfel von links steckt ein Turm mit drei blauen Würfeln. Rechts neben dem Turm ist ein roter Steckwüfel.
Nina

A

B

C

Ich habe zuerst 4 blaue Würfel zusammengesteckt. Auf diesen befinden sich 4 rote Würfel. Auf den beiden linken roten Würfeln stecken noch 2 blaue Würfel.
Tim

Auf dem Tisch liegen 4 blaue Steckwürfel nebeneinander. Auf diesen stecken 4 rote Würfel. Auf den beiden roten Würfeln rechts stecken 2 blaue Würfel.
Paul

D

Bei Lagebeziehungen...

1 Wie viele Kastanien sind es? Wie würdest du zählen? Vergleicht und besprecht.

2 Wie viele Zehner und wie viele Einzelne sind es?

a)

	Z	E
a)	2 6	2 6

b)

c)

d)

e)

f)

3 Wie viele Zehner und wie viele Einzelne sind es?

a)

	Z	E
a)	4 1	4 1

b)

c)

d)

e)

f)

AH 9   1 Den Begriff „bündeln" klären.

1 Wie viele Eier sind es?

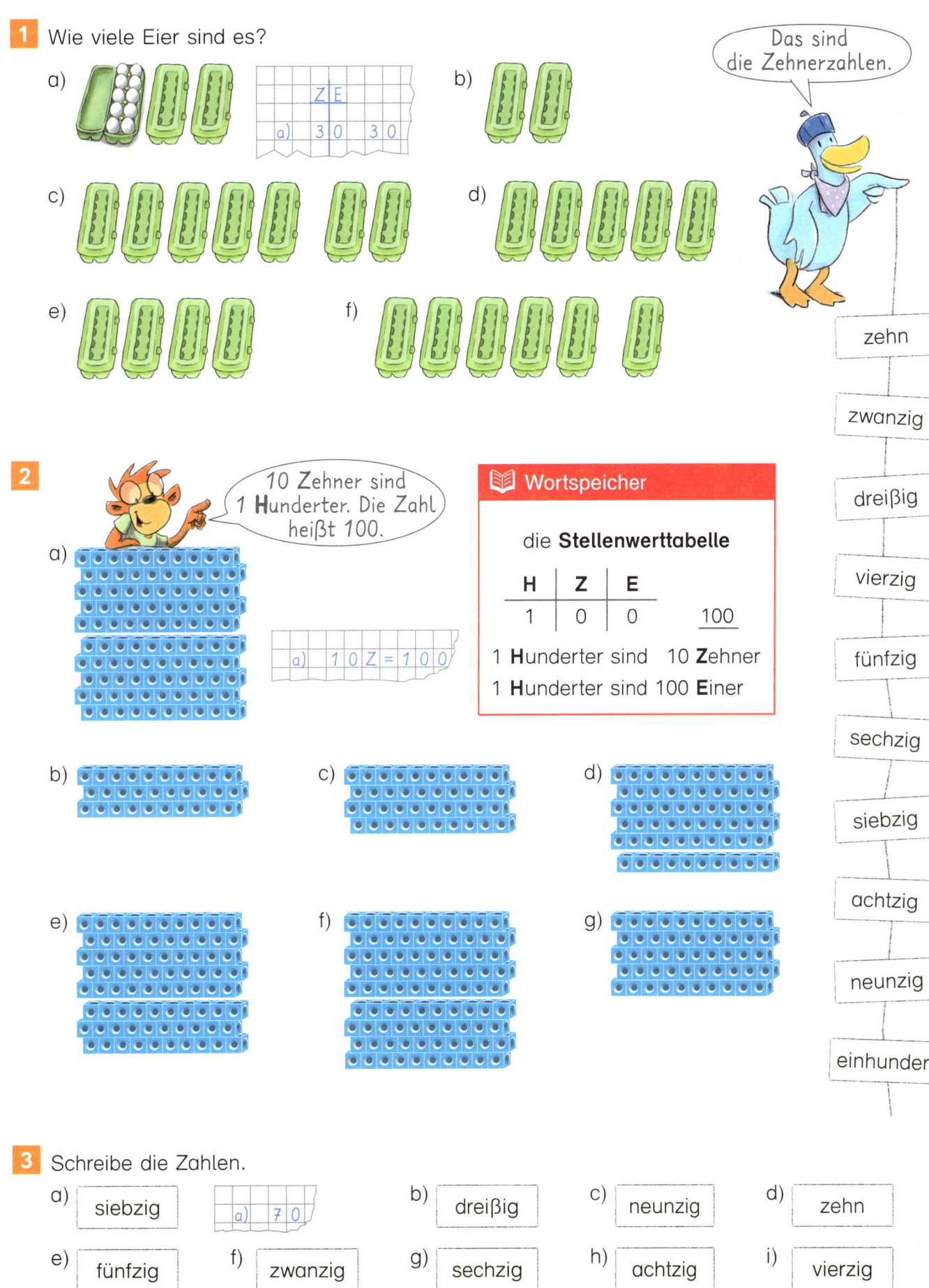

a)

	Z	E
a)	3 0	3 0

b)

c)

d)

e)

f)

Das sind die Zehnerzahlen.

zehn

zwanzig

dreißig

vierzig

fünfzig

sechzig

siebzig

achtzig

neunzig

einhundert

2

10 Zehner sind 1 **H**underter. Die Zahl heißt 100.

📖 **Wortspeicher**

die **Stellenwerttabelle**

H	Z	E	
1	0	0	100

1 **H**underter sind 10 **Z**ehner
1 **H**underter sind 100 **E**iner

a)

a) 10 Z = 100

b)

c)

d)

e)

f)

g)

3 Schreibe die Zahlen.

a) siebzig

a)	7 0

b) dreißig

c) neunzig

d) zehn

e) fünfzig

f) zwanzig

g) sechzig

h) achtzig

i) vierzig

1 Setze ein. > < = ist größer als

a) 80 ⬤ 40
80 ⬤ 90
80 ⬤ 70

a) 8 0 > 4 0
8 0 < 9 0

ist kleiner als

b) 70 ⬤ 60
60 ⬤ 60
30 ⬤ 60

c) 30 ⬤ 50
20 ⬤ 20
80 ⬤ 50

d) 70 ⬤ 80
30 ⬤ 40
30 ⬤ 20

2 a)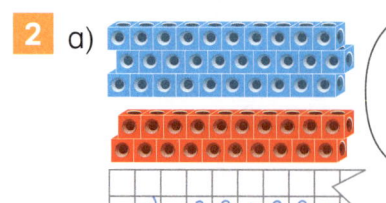

Ich rechne 3 Zehner plus 2 Zehner.

a) 30 + 20 =

b)

c)

3 2 Z + 3 Z

a) 20 + 30
20 + 10
20 + 20

b) 40 + 40
50 + 40
60 + 40

c) 20 + 50
30 + 30
40 + 10

d) 100 + 10
100 + 20
100 + 100

4 a) 40 + ⬛ = 60
60 + ⬛ = 90
90 + ⬛ = 100

b) 40 + ⬛ = 70
50 + ⬛ = 100
20 + ⬛ = 80

c) 60 + ⬛ = 70
70 + ⬛ = 100
80 + ⬛ = 100

d) 20 + ⬛ = 70
30 + ⬛ = 60
40 + ⬛ = 50

5 5 Z – 3 Z

a) 50 – 30
50 – 40
50 – 20

b) 60 – 50
60 – 40
60 – 30

c) 100 – 30
100 – 50
100 – 10

d) 120 – 20
150 – 20
150 – 50

6 a) 90 – ⬛ = 40
80 – ⬛ = 30
70 – ⬛ = 20

b) 70 – ⬛ = 60
80 – ⬛ = 10
40 – ⬛ = 30

c) 80 – ⬛ = 50
80 – ⬛ = 70
60 – ⬛ = 10

d) 100 – ⬛ = 40
100 – ⬛ = 70
100 – ⬛ = 20

7 Immer 100.

 20

80

8 a) 20 + 30 ⬤ 90
10 + 60 ⬤ 70
70 + 30 ⬤ 70

b) 40 + 20 ⬤ 60
60 + 30 ⬤ 100
70 + 20 ⬤ 80

c) 50 – 30 ⬤ 40
70 – 10 ⬤ 50
40 – 20 ⬤ 30

d) 80 – 10 ⬤ 50
90 – 40 ⬤ 60
100 – 20 ⬤ 80

AH 9

2 bis 4 Evtl. mit Material legen. 3 und 4 Analogieaufgaben nutzen.
5 Diff.: Alle Zehnerzerlegungen der 100 finden.

1 Zeichne Zehner und Einer. Schreibe die Zahl.

a)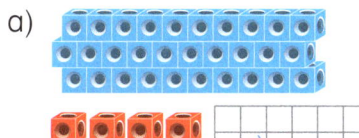

b)

c)

d)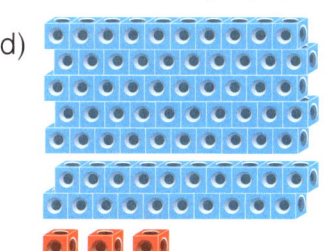

e)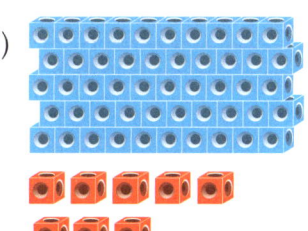

f)

g)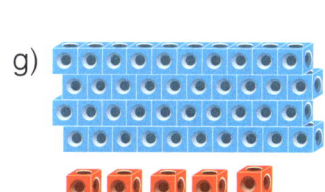

2 Schreibe die Plusaufgabe.

a)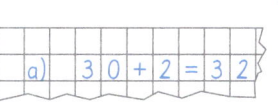

b)

c)

d)

e)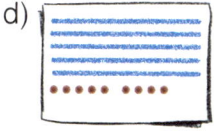

f)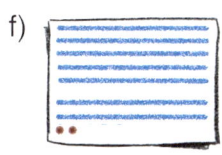

g)

h)

i)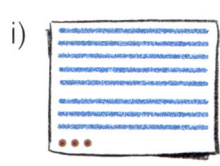

3 Zeichne Zehner und Einer. Schreibe die Plusaufgabe.

a) siebenunddreißig

b) neunundachtzig

c) sechsundfünfzig

d) zweiundneunzig

e) vierundvierzig

f) fünfundsechzig

g) achtundzwanzig

1 Legt mit Zahlenkarten und nennt die Zahlen.

| 39 | 94 | 12 | 75 | 54 | 19 | 47 | 82 |
| 25 | 35 | 61 | 23 | 40 | 69 | 99 | 27 |

2 Lege mit Zahlenkarten und schreibe die Zahl. Vergleicht eure Lösungen.

a) sechsundachtzig

b) siebenundsechzig

c) achtunddreißig

d) dreiundvierzig

e) zweiundfünfzig

f) neunundsiebzig

3

Beachte, welche Zahlenkarte darunter liegt.

a) 8 0 / 4

a) 8 4 = 80 + 4
b) 3 6 =

b) 3 6

c) 3 7

d) 9 5

e) 2 8

f) 9 6

g) 5 5

h) 8 3

i) 7 9

j) 8 1

k) 1 8

l) 7 3

m) 6 2

4 Nimm immer eine blaue und eine rote Karte. Welche Zahlen kannst du bilden?
Wie viele Zahlen kannst du jeweils bilden?

a)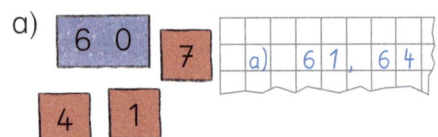
a) 61, 64

b)

c)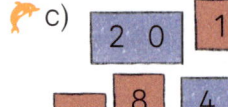

d)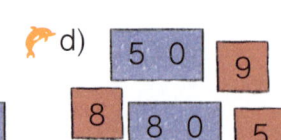

5

Meine Zahl hat 4 Zehner und 6 Einer.

Die Zahl heißt 46.

📖 **Wortspeicher**

das **Hunderterfeld**

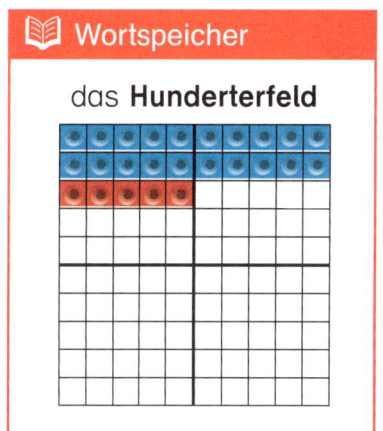

1 Schreibe jeweils die Plusaufgabe.

a)

a) $50 + 5 = 55$

b)

b)

c)

d)

e)

f)

g)

h)

i)

j)

k)

2 Legt Zehnerstangen und Einzelne auf das Hunderterfeld.

a) 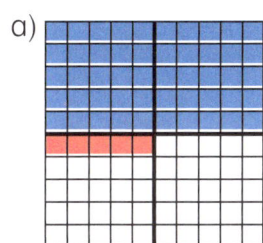 b) 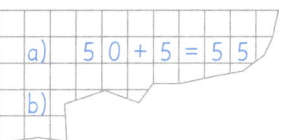 c) 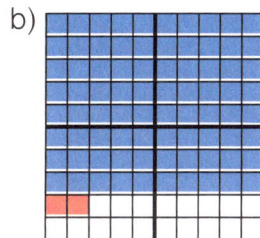 d) 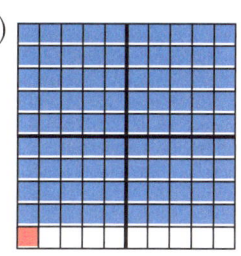 e)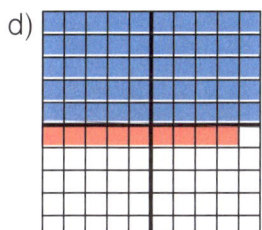

f) 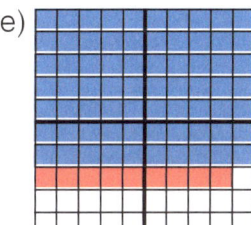 g) 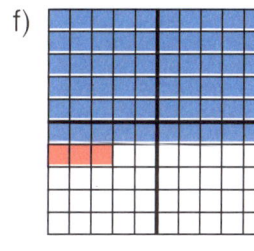 h) 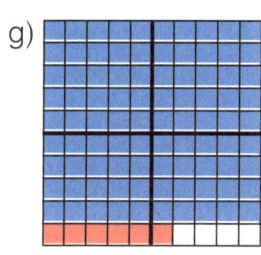 i) 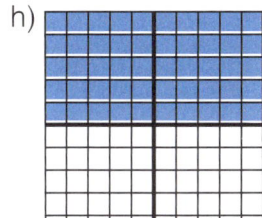 j)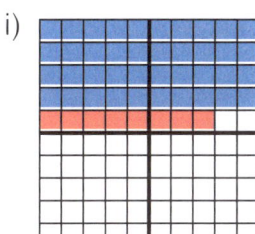

3 Welche Zahlen könnten es sein? Schreibt und besprecht.

a) 41, 42, 4?

a)  undvierzig

b)  undsiebzig

c) fünfund

d) dreiund

e)  zehn

f) vier

Wortspeicher nutzen.
1 Diff.: Mit Zehnerstangen und Einzelnen auf dem Hunderterfeld legen.
3 Mindestens drei Beispiele schreiben.

1

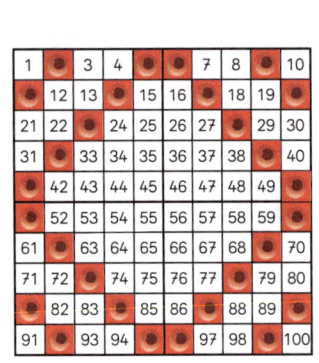

die Hundertertafel

1	2	3	4	5	6	7	8	9	10
11	12	13	14	15	16	17	18	19	20
21	22	23	24	25	26	27	28	29	30
31	32	33	34	35	36	37	38	39	40
41	42	43	44	45	46	47	48	49	50
51	52	53	54	55	56	57	58	59	60
61	62	63	64	65	66	67	68	69	70
71	72	73	74	75	76	77	78	79	80
81	82	83	84	85	86	87	88	89	90
91	92	93	94	95	96	97	98	99	100

die 4. **Zeile**

die 4. **Spalte**

Schreibe die versteckten Zahlen ins Heft.

2

Schreibe immer alle Zahlen der Zeile.

a) 31 | | | 34 | 35 | | | 38 | |

a) 3 1, 3 2, 3 3,

b) 71 | | | | 75 | | | | | 80

c) | | | 54 | 55 | 56 | | |

d) 82 | | | 86 | 87 | | 89 | |

e) 91 | | | | | 96 | 97 |

f) Wie verändern sich jeweils die Zahlen in der Zeile?

3

Schreibe immer alle Zahlen der Spalte.

a) 3 ... 23 ... 53 ... 73 ... 93

a) 3, 1 3, 2 3, 3 3

b) 10, 20, ... 50

c) 25, 35, 45

d) 6 ... 96

e) 67, 77

f) Wie verändern sich jeweils die Zahlen in der Spalte?

4 Sind dies Zahlen einer Spalte oder einer Zeile? Welche Zahl passt jeweils nicht? Notiere.

a) 14 32 74 54 84 4 94

b) 2 52 42 62 32 82 20

c) 86 89 84 83 90 81 80

d) 100 97 93 99 90 91 98

5 Zeige an der Hundertertafel. Zähle weiter.

a) 1, 11, 21...

b) 9, 19, 29...

c) 61, 62, 63...

d) 10, 20, 30...

e) 97, 87, 77...

f) 93, 83, 73...

g) 1, 12, 23...

h) 10, 19, 28...

Wortspeicher nutzen.
1 Evtl. erst schätzen, wie viele Felder verdeckt sind.
2 f) und 3 f) Forscherheft nutzen.

6 Wie heißen jeweils die fehlenden Zahlen?

a) | 68 | | 70 |

b) | | 72 | |

c) | | \ | 18 |

e) | 23 | |

f) | | | 87 |

g) | | 59 | |

h) | | 97 | |

7 Legt Steckwürfel auf die Zahlen 23, 24, 25, 26, 27, 35, 45, 55 und 65.
Was erkennt ihr?

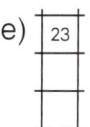
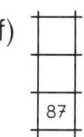

Zehnersprünge nach oben oder unten

Einersprünge nach rechts oder nach links

8 Welcher Weg führt von der Zahl zum blauen Kästchen?

a) | 44 |

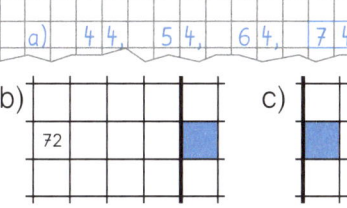

a) 4 4, 5 4, 6 4, 7 4,

b) | 72 |

c) | 70 |

d) | 34 |

e) | 83 |

f) | 27 |

g) | 52 |

h) | 91 |

i) | 65 |

Versuche es im Kopf, ohne die Hundertertafel.

9 Zu welcher Zahl kommst du?

a) Gehe immer zwei Kästchen nach rechts. Starte bei:

| 35 | 51 | 96 | 63 | 74 |

 a) 3 7

b) Gehe immer vier Kästchen nach unten. Starte bei:

| 8 | 33 | 49 | 14 | 56 |

c) Gehe immer ein Kästchen nach links und ein Kästchen nach unten. Starte bei:

| 64 | 26 | 78 | 39 | 14 |

d) Gehe immer drei Kästchen nach rechts und zwei Kästchen nach oben. Starte bei:

| 45 | 81 | 73 | 42 | 37 |

10

Gehe von 37 ein Kästchen nach links.

Dann bin ich bei 36.

11 Forschen   Wie oft kommt die Ziffer 5 in der Hundertertafel vor?
Suche selbst solche Aufgaben.

Bei den Zahlen bis 100...
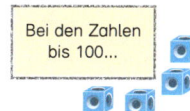

8 Es gibt unterschiedliche Wege.
11 Forscherheft nutzen.

 1 a) 9 + 8 b) 7 + 8 c) 13 − 3 d) 14 − 7 e) 11 − 5
   9 + 7   6 + 8   13 − 4   13 − 7   12 − 6
   9 + 6   5 + 8   13 − 5   12 − 7   13 − 7

2 a) 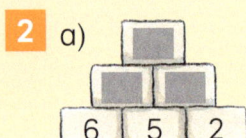 b)  c)  d)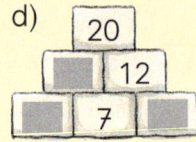

3 a) Schreibe auf, welche geraden Zahlen bis 20 fehlen.

b) Schreibe auf, welche ungeraden Zahlen bis 20 fehlen.

4 Wer hat welche Figur gebaut? Ordne zu.

Auf 4 rote Würfel habe ich 4 blaue Würfel gesteckt. Auf dem linken blauen Würfel stecken noch 2 blaue Würfel.
Tommi

A

B

Meine Figur hat unten 4 blaue Würfel. Darauf habe ich 4 rote Würfel gesteck. Auf dem rechten roten Würfel steckt noch ein blauer Würfel.
Nina

5 Schreibe die Zahl.

a) sechsundneunzig   b) siebenunddreißig   c) dreiundvierzig

d) einundsiebzig   e) fünfundfünfzig   f) neunundzwanzig

g) achtundsechzig   h) zweiundachtzig   i) vierunddreißig

6 Schreibe die Zahl. Zerlege in Zehner und Einer.

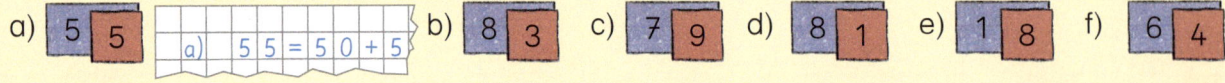

7 Nimm immer eine blaue und eine rote Karte. Welche Zahlen kannst du bilden?

a) 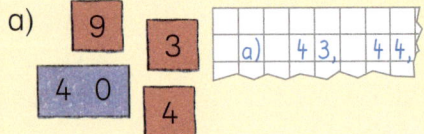 b) 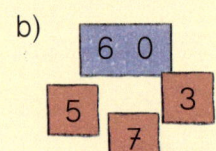 c) 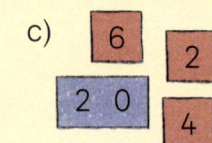 d)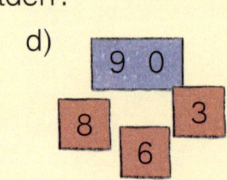

Von der Hundertertafel zum Zahlenstrahl

1

| 31 | 32 | 33 | 34 | 35 | 36 | 37 | 38 | 39 | 40 |

41	42	43	44	45	46	47	48	49	50
51	52	53	54	55	56	57	58	59	60
61	62	63	64	65	66	67	68	69	70
71	72	73	74	75	76	77	78	79	80
81	82	83	84	85	86	87	88	89	90
91	92	93	94	95	96	97	98	99	100

Marco zerschneidet eine Hundertertafel in Zehnerstreifen. Dann klebt er die Teile zu einem Hunderterstreifen zusammen.

a) Erstelle auch einen Hunderterstreifen.

| 1 | 2 | 3 | 4 | 5 | 6 | 7 | 8 | 9 | 10 | 11 | 12 | 13 | 14 | 15 | 16 | 17 | 18 | 19 | 20 | 21 | 22 | 23 | 24 | 25 | 26 | 27 | 28 | 29 | 30 |

b) Wie viele Zehnerstreifen erhältst du?

c) Welche Zahlen stoßen an den Klebestellen aneinander?

d) Wo ist die Mitte des Hunderterstreifens?

2 Schreibe immer alle Zahlen auf.

a) | 23 | 24 | | | 28 | | 30 | |

a) 23, 24, 25, 26, 27, 28, 29, 30

b) | 45 | 46 | | | | 51 | | |

c) | | | 61 | | 63 | | | 66 | | |

d) | 91 | | | | 96 | | |

e) | | | | | 79 | | | |

3 Zähle vorwärts am Hunderterstreifen.

a) 24, 25, ... 33   b) 32, 33, ... 41   c) 46, 47, ... 55   d) 67, 68, ... 76

e) 58, 59, ... 67   f) 82, 83, ... 91   g) 78, 79, ... 87   h) 55, 56, ... 64

4 Zähle rückwärts am Hunderterstreifen.

a) 26, 25, ... 17   b) 44, 43, ... 35   c) 53, 52, ... 44   d) 32, 31, ... 23

e) 100, 99, ... 91   f) 66, 65, ... 57   g) 74, 73, ... 65   h) 85, 84, ... 76

5

a) Meine Zahl steht direkt vor 70.

b) Vor meiner Zahl steht die Zahl 89.

c) Meine Zahl kommt nach 90.

d) Meine Zahl kommt nach 100.

1 b) bis d) Forscherheft nutzen.

1
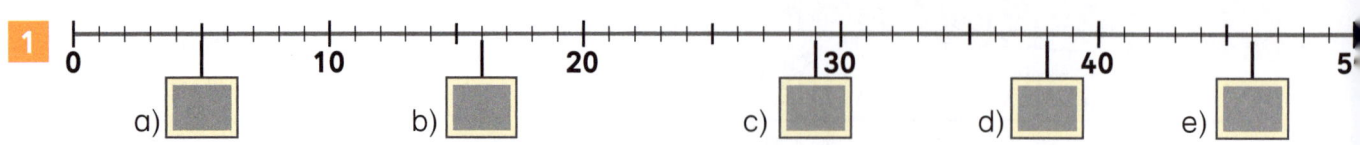

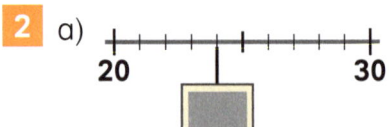 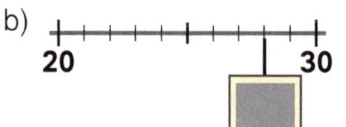 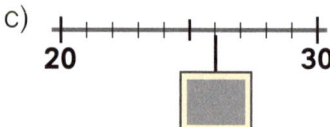

Welche Zahlen gehören zu den Schildern am Zahlenstrahl?

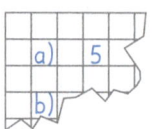

2
a) 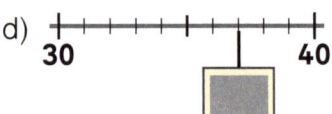   b) 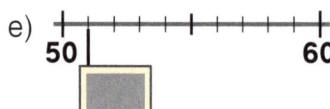   c)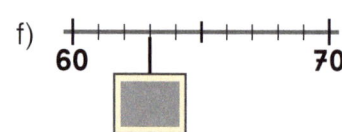

d) 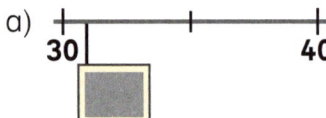   e)    f)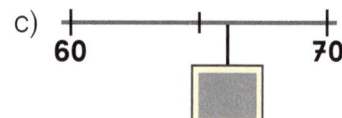

3 Schreibe **Vorgänger** und **Nachfolger**.

a)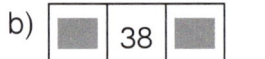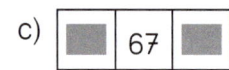

b)    c)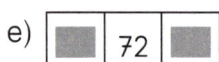

d)   e)   f) 🐝   g) 🐝
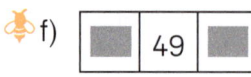   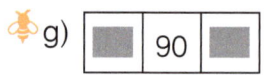

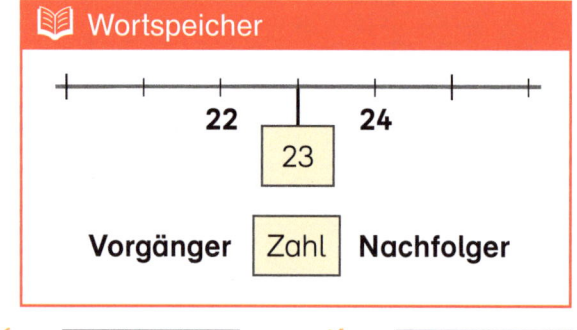

Wortspeicher

Vorgänger   **Zahl**   **Nachfolger**

4 Welche Zahlen könnten es sein? Besprecht.

a) 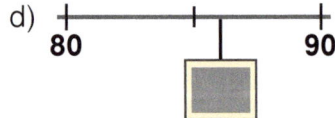   b) 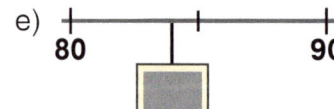   c)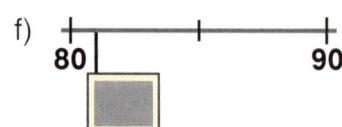

d)   e)   f)

g) 🐝 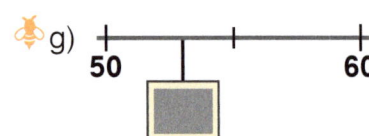   h) 🐝 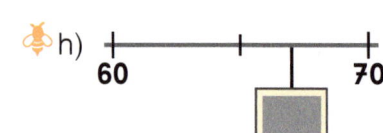   i) 🐝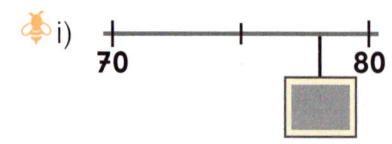

Wortspeicher nutzen.
1 Der Zahlenstrahl geht über die Doppelseite.

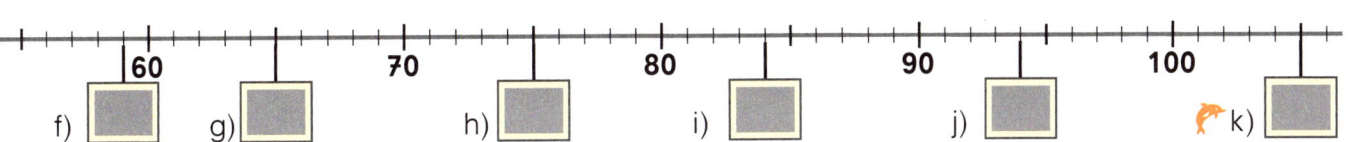

	60		70		80		90		100	
f)		g)		h)		i)		j)		k)

5 Zeigt die beiden **Nachbarzehner** am Zahlenstrahl. Schreibt auf.

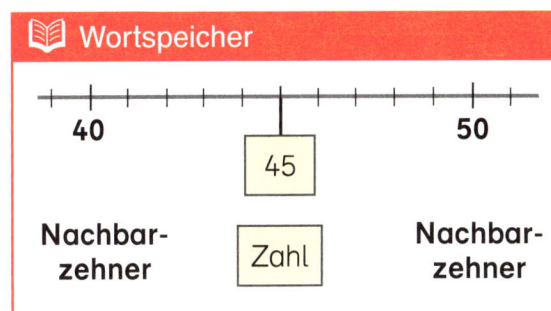

40   45   50

Nachbar-zehner   Zahl   Nachbar-zehner

a) 43   a) 4 0, 4 3, 5 0   b) 74   c) 33   d) 62

b)

e) 29   f) 85   g) 91   🐝 h) 48   🐝 i) 57

6 Schreibe immer drei passende Zahlen auf, die zwischen den beiden Zehnerzahlen liegen.

	Nachbar-zehner	Zahl	Nachbar-zehner
a)	40		50
b)	70		80
c)	10		20

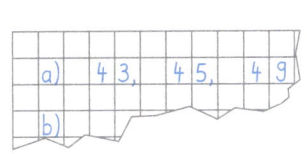

a) 4 3, 4 5, 4 9

b)

	Nachbar-zehner	Zahl	Nachbar-zehner
d)	30		40
e)	60		70
f)	50		60

? **7** **Kann das stimmen?** ₒₒ◯◯

Überdenke und überprüfe die Behauptungen.

a) Zwischen zwei Zehnerzahlen stehen immer genau zehn Zahlen.

b) Zwischen 0 und 50 gibt es eine Zahl, die 7 Zehner und 4 Einer hat.

c) Es gibt zwischen 0 und 100 genau acht Zahlen, die 0 Einer haben.

d) Im Zahlenraum bis 100 gibt es drei Zahlen, die doppelt so viele Zehner wie Einer haben.

e) Die Zahl 25 liegt genau in der Mitte zwischen 0 und 50.

f) Im Zahlenraum bis 100 gibt es neun Zahlen mit jeweils gleich vielen Einern und Zehnern.

g) Es gibt keine Zahl, die größer als 100 ist.

h) Den Zahlenstrahl bis 100 kann man in vier gleich große Teile aufteilen.

i) Zwischen 0 und 100 gibt es genau neun Zehnerzahlen.

Wortspeicher nutzen.   AH 13   **25**
6 Diff.: Weitere Zahlen finden. **7** Behauptungen überprüfen und bewerten. Entscheidungen begründen.
Fünf Aussagen stimmen nicht.

```
0    10    20    30    40    50    60    70    80    90    100
```

1 Ordne die Zahlen nach der Größe. Beginne mit der kleinsten Zahl.

a) | 4 | 40 | 24 | 42 |

a) 4, 24, 40,

b) | 13 | 41 | 31 | 43 |

c) | 13 | 6 | 19 | 22 |

d) | 77 | 33 | 44 | 88 |

e) | 32 | 90 | 18 | 25 | 98 |

f) | 26 | 55 | 15 | 51 | 62 | 50 |

g) | 24 | 43 | 51 | 32 | 66 |

h) | 28 | 92 | 82 | 29 | 80 | 20 |

2 Setze ein. > < =

a) 49 ◯ 43
47 ◯ 47
40 ◯ 41
45 ◯ 42
93 ◯ 39

a) 49 > 43
47 =

b) 22 ◯ 25
96 ◯ 92
74 ◯ 79
38 ◯ 35
54 ◯ 54

c) 52 ◯ ▢
30 ◯ ▢
19 ◯ ▢
90 ◯ ▢
11 ◯ ▢

d) 57 ◯ ▢
80 ◯ ▢
61 ◯ ▢
79 ◯ ▢
44 ◯ ▢

3 Welche Zahlen passen?

a) | 72 | 17 | 20 |
   | 19 | 25 | 92 |

a) 17 < 26
19

▢ < 26

b) | 57 | 80 | 71 |
   | 70 | 95 | 27 |

▢ > 70

c) | 41 | 12 | 45 |
   | 49 | 7 | 98 |

40 < ▢ < 60

4 Löse die Zahlenrätsel. Vergleiche deine Ergebnisse. Kontrolliere.

a) Meine Zahl ist größer als 32 und kleiner als 34.

a) 33 ✓
b)

Kontrolliere deine Ergebnisse und hake sie im Heft ab, wenn sie richtig sind.

8   33   40   67

b) Meine Zahl steht zwischen 60 und 70. Sie hat 7 Einer.

c) Die Nachbarzahlen meiner Zahl sind 39 und 41.

d) Meine Zahl hat keinen Zehner und 8 Einer.

Beim Ordnen und Vergleichen von Zahlen...

5 a)    b)

2 c) und d) Offene Aufgaben.
4 Selbstkontrolle einführen. Die Kontrollzahlen sind nach der Größe geordnet.

1 Welche Flächenformen sind Vierecke, welche sind Dreiecke?

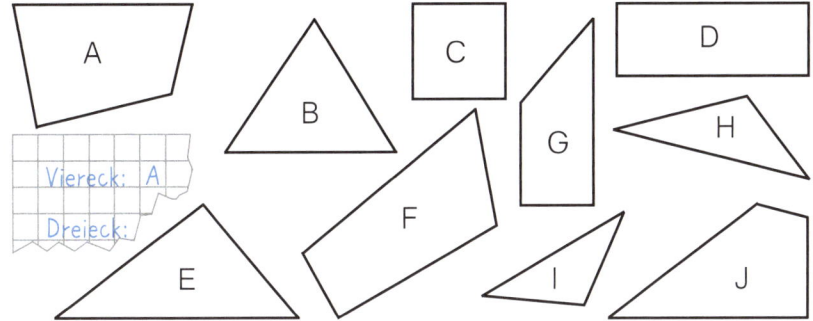

Viereck: A
Dreieck:

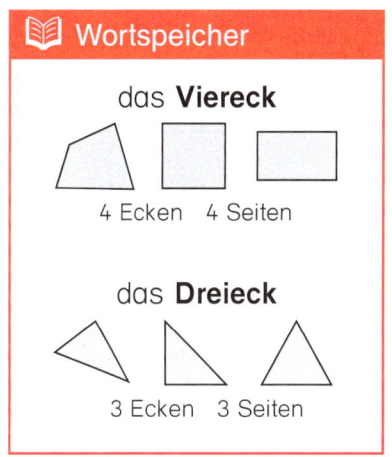

Wortspeicher

das **Viereck**

4 Ecken   4 Seiten

das **Dreieck**

3 Ecken   3 Seiten

2 a) Zeichne mit dem Lineal Vierecke. Schneide sie aus und klebe sie auf ein Plakat. Zeichnet ohne Lineal weitere Vierecke dazu. Zeigt euch gegenseitig die Ecken und Seiten.

Vierecke

b) Erstellt auch ein Plakat mit verschiedenen Dreiecken.

3 Beschreibt die Rechtecke. Zeichnet sie genau ab und vergleicht mit der Vorlage.

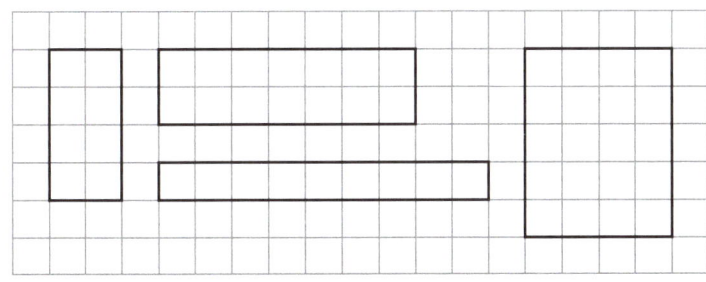

Das Rechteck ist ein besonderes Viereck, weil...

4 Beschreibt die Quadrate. Zeichnet sie genau ab und vergleicht mit der Vorlage.

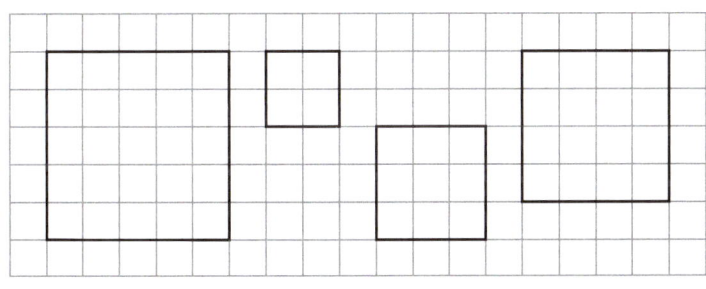

Das Quadrat ist ein besonderes Rechteck, weil...

1 a) Welche Flächenformen sind Vierecke?

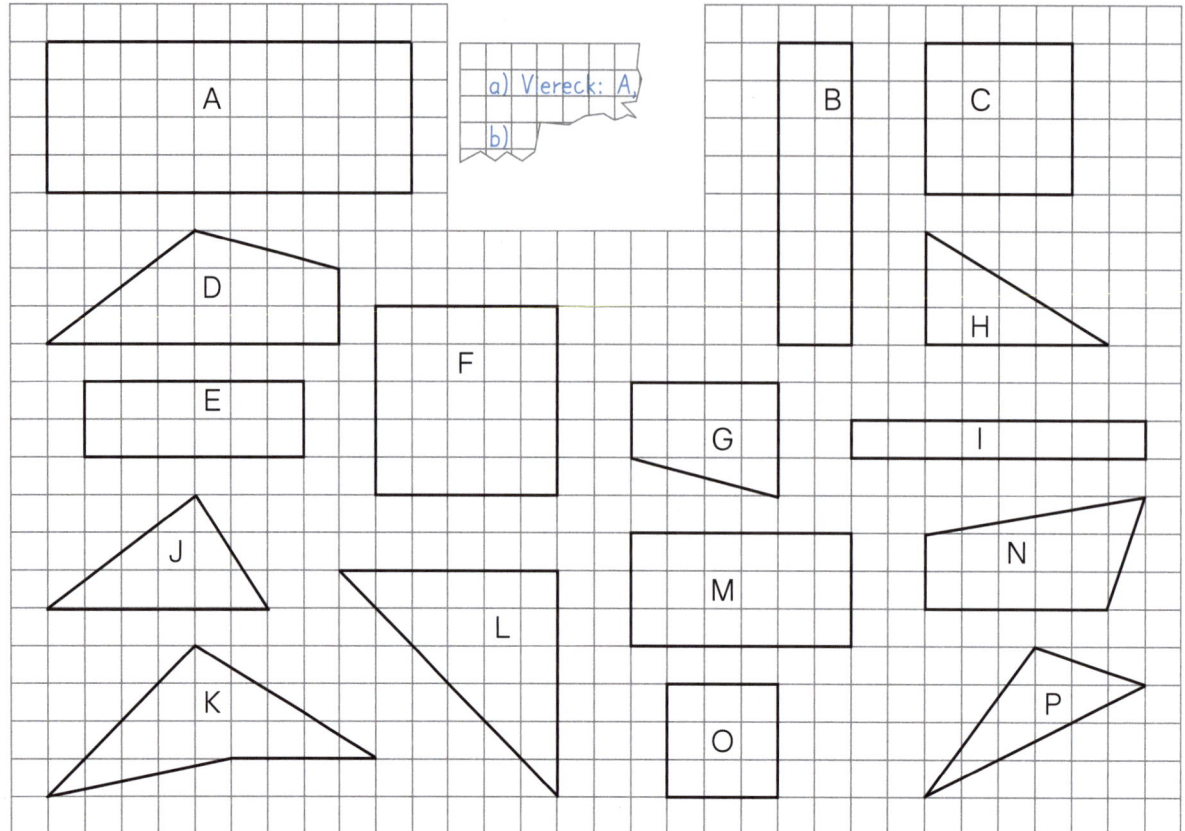

a) Vereck: A,
b)

b) Welche Flächenformen sind Rechtecke?

c) Welche Flächenformen sind Quadrate?

? 2 Kann das stimmen?

a)
Jedes Dreieck
hat drei Seiten.

b)
Ein Viereck hat mehr
Ecken als ein Dreieck.

c)
Jedes Dreieck
hat drei Ecken.

d)
Jedes Viereck
hat vier Ecken.

e)
Ein Quadrat hat mehr Ecken
als ein Rechteck.

f)
Ein Dreieck hat mehr
Seiten als ein Viereck.

3 a) 20 + 40   b) 40 + 60   c) 90 − 20   d) 70 − 40   e) 60 − 50

    30 + 50   10 + 80   80 − 30   50 − 20   40 − 40

◄   0   10   30   30   50   60   70   80   90   100

4 Setze ein. **>** **<** **=**

a) 40 + 20 ● 90   b) 80 − 30 ● 50   c) 70 − 20 ● 40   d) 40 + 40 ● 100

    60 + 30 ● 90   30 − 20 ● 30   30 + 20 ● 30   60 − 60 ● 100

Mathematik und Kunst

Wassily Kandinsky

a) Wo sehen die Kinder im Bild die Flächenformen? Besprecht und zeigt.

> Ich sehe ein grünes Dreieck.

> Ich sehe neun kleine Quadrate.

> Ich sehe neun blaue Kreise.

> Ich sehe …

b) Stellt euch weitere Suchaufgaben.

Ines

Welche Flächenformen hat Ines verwendet? Beschreibt sie.

Leon

Wie viele Vierecke, Dreiecke und Kreise hat Leon gezeichnet? Schätzt. Legt dann eine Tabelle an.

 a) Gestalte ein Bild nur aus Dreiecken.
b) Gestalte ein Bild nur aus Vierecken.

> Verwende zum Zeichnen immer ein Lineal.

Fächerübergreifend über Formen und Ästhetik sprechen. Im Internet über andere Bilder von Kandinsky recherchieren. 3 Verschiedene Vierecke unterscheiden: unregelmäßiges Viereck, Rechteck, Quadrat.
4 Bilder in einer Ausstellung präsentieren.

29

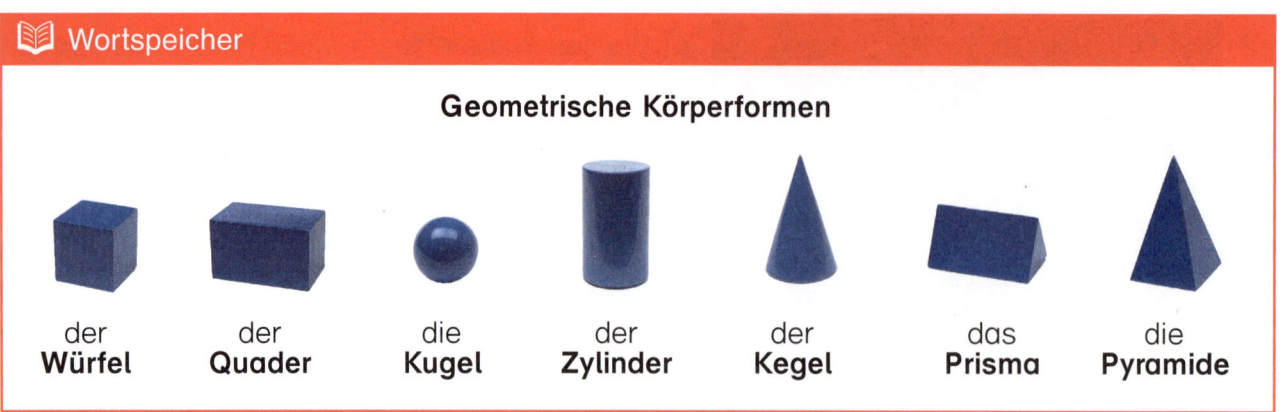

📖 Wortspeicher

Geometrische Körperformen

| der **Würfel** | der **Quader** | die **Kugel** | der **Zylinder** | der **Kegel** | das **Prisma** | die **Pyramide** |

1 Beschreibt die Gegenstände und ordnet sie den Körperformen zu.

A Milchtüte — A Quader
B Laterne
C Zelt
D Dach
E Torte
F Schultüte
G Zahncreme
H Schuhkarton
I Kerze
J Kirchturmdach
K Zettelblock
L Eistüte

🔍 **2** Forschen Suche in deiner Umgebung Gegenstände, die diese Körperformen haben.

3 Forme die Körper mit Knetmasse nach.

AH 17 · Wortspeicher nutzen. Evtl. thematisieren, dass ein Würfel auch ein Quader ist. **2** Forscherheft nutzen.
Die Seiten 30 und 31 können zum jahrgangskombinierten Arbeiten verwendet werden,
vgl. Denken und Rechnen Klasse 1, Seiten 30 und 31.

4

Der Würfel ist ein besonderer Quader, weil...

a) Zählt, wie viele Kanten, Ecken und Seitenflächen ein Würfel hat.

b) Zählt, wie viele Kanten, Ecken und Seitenflächen ein Quader hat.

c) Was ist beim Würfel und beim Quader gleich? Wodurch unterscheiden sie sich? Besprecht.

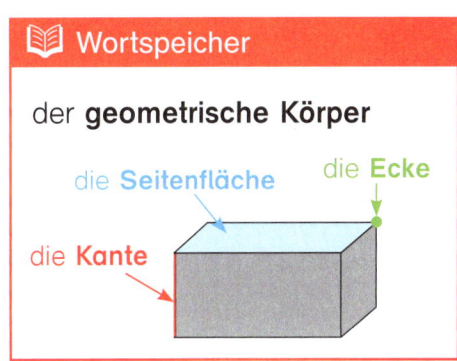

📖 Wortspeicher

der **geometrische Körper**

die **Seitenfläche**   die **Ecke**

die **Kante**

5

kann kippen

Die Kugel kann rollen.

kann rollen

a) Welche Körper können rollen, welche können kippen? Schreibt eure Ergebnisse auf.

b) Welche Körper sind rund, welche eckig?

a) Eine Kugel kann rollen.
Ein Zylinder kann

6 Beschreibt Körperformen.

Der Körper kann rollen und hat keine Ecken.

Der Körper hat 8 Ecken und 6 Seitenflächen.

Das ist bestimmt ein...

Der Körper könnte ein...

7 Erkennst du die Körper auch mit verbundenen Augen?

Bei Flächen- und Körperformen...

Wortspeicher nutzen.
Zu Hause nach Gegenständen suchen, die den Körperformen entsprechen.
4 c) Forscherheft nutzen.

AH 17

1 Erklärt und rechnet.

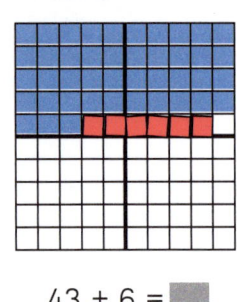

$43 + 6$

Mir hilft die Aufgabe $3 + 6$.

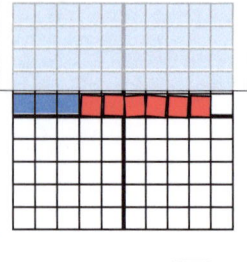

$43 + 6 = $ ▢

$3 + 6 = $ ▢

2 Lege und rechne.

a)	b)	c)	🐝 d)	🐝 e)
$4 + 4$	$3 + 3$	$2 + 7$	$3 + 6$	$4 + 5$
$14 + 4$	$13 + 3$	$12 + 7$	$13 + 6$	$14 + 5$
$44 + 4$	$53 + 3$	$42 + 7$	$33 + 6$	$44 + 5$
$54 + 4$	$63 + 3$	$62 + 7$	$53 + 6$	$64 + 5$

◄ 6 8 9 9 9 16 18 19 19 19 39 48 49 49 56 58 59 66 69 69

$5 + 4$

3
a)	b)	c)	🐝 d)	🐝 e)
$15 + 4$	$33 + 5$	$54 + 3$	$26 + 2$	$13 + 6$
$45 + 4$	$53 + 5$	$64 + 3$	$56 + 2$	$43 + 6$
$55 + 4$	$63 + 5$	$74 + 3$	$76 + 2$	$63 + 6$
$75 + 4$	$83 + 5$	$94 + 3$	$96 + 2$	$83 + 6$

◄ 19 19 28 38 49 49 57 58 58 59 67 68 69 77 78 79 88 89 97 98

4
a) $76 + $ ▢ $ = 79$
   $52 + $ ▢ $ = 58$

b) $63 + $ ▢ $ = 65$
   $44 + $ ▢ $ = 48$

c) $38 + $ ▢ $ = 38$
   $81 + $ ▢ $ = 89$

d) $95 + $ ▢ $ = 96$
   $26 + $ ▢ $ = 29$

5 Setze fort. Rechne.

a)
$23 + 2$
$23 + 3$
$23 + 4$
$23 + $ ▢
$23 + $ ▢

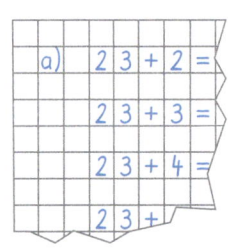

b)
$2 + 5$
$12 + 5$
$22 + 5$
$32 + $ ▢
$42 + $ ▢

c)
$44 + 1$
$34 + 2$
$24 + 3$
$14 + $ ▢
$4 + $ ▢

d) Welches Päckchen beschreibe ich?
Die erste Zahl wird immer um 10 größer.
Die zweite Zahl bleibt immer gleich.
Deshalb wird das Ergebnis immer um ... .

👥 e) Sucht andere Päckchen aus. Beschreibt sie euch gegenseitig.

32   AH 18

1 bis 3 Evtl. mit Material legen.
2 bis 3 Diff.: Weitere Aufgaben finden.

1 Erklärt und rechnet.

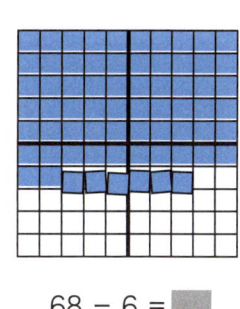

$68 - 6$

$68 - 6 = \blacksquare$

Mir hilft die Aufgabe
$8 - 6$.

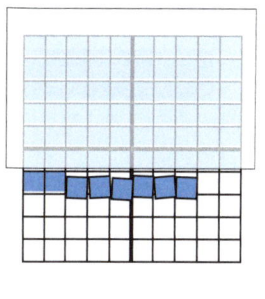

$8 - 6 = \blacksquare$

2 Lege. Nimm weg. Rechne.

a) $4 - 3$	b) $6 - 4$	c) $5 - 2$	🐝 d) $6 - 3$	🐝 e) $8 - 5$
$14 - 3$	$16 - 4$	$15 - 2$	$16 - 3$	$18 - 5$
$44 - 3$	$36 - 4$	$55 - 2$	$36 - 3$	$48 - 5$
$54 - 3$	$46 - 4$	$65 - 2$	$46 - 3$	$78 - 5$

◄ 1 2 3 3 3 11 12 13 13 13 32 33 41 42 43 43 51 53 63 73

3
○○○($9 - 7$)

a) $19 - 7$	b) $28 - 5$	c) $29 - 6$	🐝 d) $27 - 4$	🐝 e) $36 - 3$
$29 - 7$	$38 - 5$	$49 - 6$	$37 - 4$	$46 - 3$
$49 - 7$	$58 - 5$	$69 - 6$	$67 - 4$	$66 - 3$
$69 - 7$	$88 - 5$	$79 - 6$	$97 - 4$	$86 - 3$

◄ 12 22 23 23 23 33 33 33 42 43 43 53 62 63 63 63 73 83 83 93

4 Setze fort. Rechne.

a)

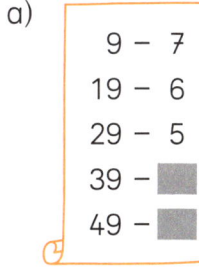

$9 - 7$
$19 - 6$
$29 - 5$
$39 - \blacksquare$
$49 - \blacksquare$

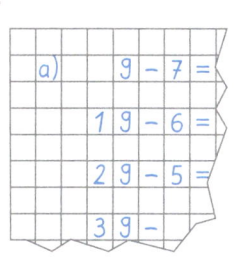

a) $9 - 7 =$
$19 - 6 =$
$29 - 5 =$
$39 -$

b)

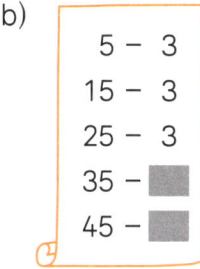

$5 - 3$
$15 - 3$
$25 - 3$
$35 - \blacksquare$
$45 - \blacksquare$

c)

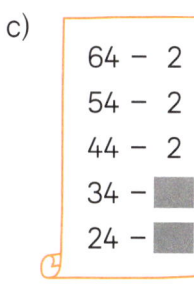

$64 - 2$
$54 - 2$
$44 - 2$
$34 - \blacksquare$
$24 - \blacksquare$

d)

Welches Päckchen beschreibe ich?
Die erste Zahl wird immer um 10 größer.
Die zweite Zahl wird immer um 1 kleiner.
Deshalb wird das Ergebnis immer um ... .

e) Sucht andere Päckchen aus. Beschreibt sie euch gegenseitig.

1 bis **3** Evtl. mit Material legen. **2** bis **3** Diff.: Weitere Aufgaben finden.
Evtl. darüber sprechen, dass die Umkehraufgabe als Überprüfung des Ergebnisses
einer (Minus-)Aufgabe genutzt werden kann.

AH 18

33

1 Erklärt und rechnet.

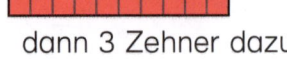

$$23 + 30$$

vorher 23   dann 3 Zehner dazu   jetzt ▢

Die Zehner werden mehr.

Die Einer bleiben ...

2 Lege und rechne.

a)   b)   c)

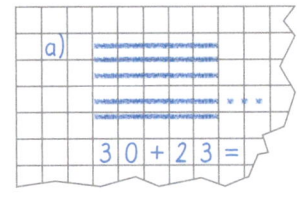

a) 24 + 40 =

3 Lege und rechne.

a) 27 + 10	b) 35 + 10	c) 19 + 30	🐝 d) 23 + 40	🐝 e) 48 + 0
27 + 20	35 + 20	19 + 40	23 + 60	48 + 10
27 + 30	35 + 30	19 + 50	23 + 50	48 + 20
27 + 40	35 + 40	19 + 60	23 + 20	48 + 40

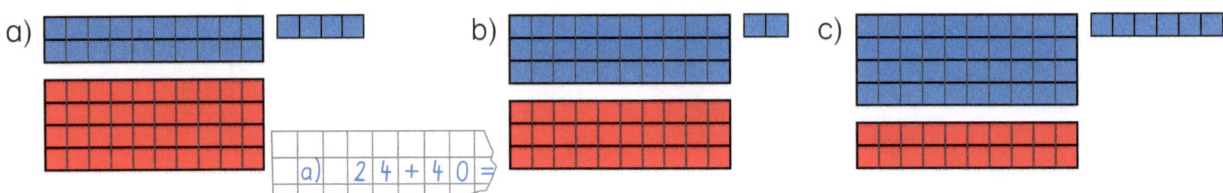

37 43 45 47 48 49 55 57 58 59 63 65 67 68 69 73 75 79 83 88

4

a) 30 + 23	b) 40 + 26	🐝 c) 50 + 25	🐝 d) 60 + 22
30 + 25	40 + 31	50 + 37	60 + 34
30 + 35	40 + 42	50 + 43	60 + 38
30 + 38	40 + 53	50 + 48	60 + 17

a) ... 30 + 23 =

5

a) 40 + ▨ = 75	b) 52 + ▨ = 62	c) 70 + ▨ = 81	d) 20 + ▨ = 71
75 + ▨ = 95	80 + ▨ = 97	33 + ▨ = 53	62 + ▨ = 82
30 + ▨ = 85	16 + ▨ = 36	68 + ▨ = 78	90 + ▨ = 96

6

a) Wenn du zu 36 30 dazuzählst, erhältst du meine Zahl.

b) Wenn du 20 verdoppelst und 48 dazuzählst, erhältst du meine Zahl.

🐬 c) Meine Zahl erhältst du, wenn du zu 37 die Zahlen 25 und 30 dazuzählst.

d) Schreibe eigene Zahlenrätsel.

Minusaufgaben mit Zehnerzahlen

1 Erklärt und rechnet.

$$43 - 20$$

vorher 43   2 Zehner weg   jetzt

Die Zehner werden ...   Die Einer bleiben ...

2 Lege. Nimm weg. Rechne.

a)  a) 5 5 – 3 0 =

b)

c)

3 Lege. Nimm weg. Rechne.

a) 76 – 10	b) 92 – 10	c) 61 – 10	d) 89 – 10	e) 74 – 20
76 – 20	92 – 20	61 – 20	89 – 20	74 – 10
76 – 30	92 – 30	61 – 30	89 – 40	74 – 30
76 – 40	92 – 60	61 – 40	89 – 70	74 – 70

◄   4   19   21   31   32   36   41   44   46   49   51   54   56   62   64   66   69   72   79   82

4
a) 34 – 10	b) 42 – 20	c) 35 – 30	d) 53 – 40
44 – 10	45 – 20	45 – 30	63 – 40
54 – 10	55 – 20	47 – 30	84 – 40
56 – 10	57 – 20	53 – 30	95 – 40

a) 3 4 – 1 0 =

5
a) 76 – ▧ = 16	b) 58 – ▧ = 28	c) 64 – ▧ = 34	d) 89 – ▧ = 29
76 – ▧ = 56	58 – ▧ = 8	64 – ▧ = 14	89 – ▧ = 49
76 – ▧ = 36	58 – ▧ = 48	64 – ▧ = 54	89 – ▧ = 9

6
a) Wenn du erst 80 halbierst und dann minus 30 rechnest, erhältst du meine Zahl.

b) Wenn du zu 53 erst 30 dazurechnest und dann 50 abziehst, hast du meine Zahl.

c) Wenn du von 87 zuerst 40 und danach 20 abziehst, erhältst du meine Zahl.

d) Schreibe eigene Zahlenrätsel.

1 bis 5 Evtl. mit Material legen.
Evtl. darüber sprechen, dass die Umkehraufgabe als Überprüfung des Ergebnisses einer (Minus-)Aufgabe genutzt werden kann.

1 Rechne.

a)

a) 40 − 4 =

b)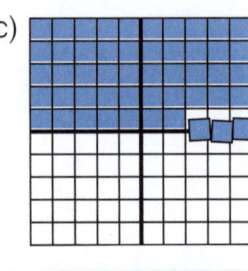

c)

d)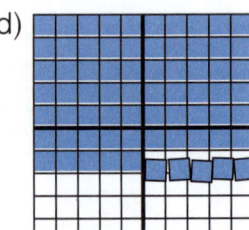

e)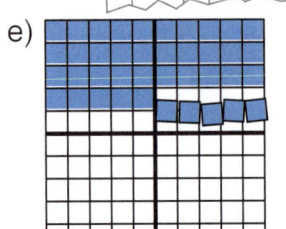

f)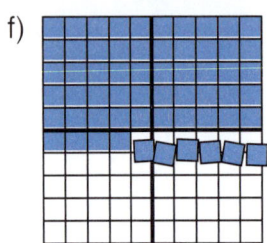

g)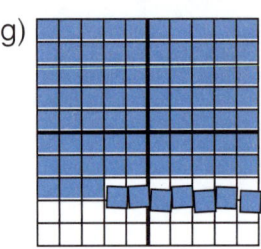

h)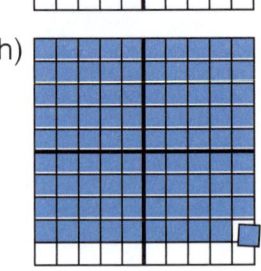

2
a)	b)	c)	d)	e)
10 − 3	50 − 1	10 − 6	60 − 4	20 − 6
20 − 3	50 − 2	20 − 7	60 − 5	30 − 6
30 − 3	50 − 3	30 − 8	60 − 6	40 − 6
40 − 3	50 − 4	40 − 9	60 − 7	50 − 6

◄ 4 7 13 14 17 22 24 27 31 34 37 44 46 47 48 49 53 54 55 56

3
a)	b)	c)	d)	e)
30 − 4	70 − 3	90 − 8	30 − 15	20 − 11
60 − 4	80 − 4	80 − 7	80 − 15	30 − 11
80 − 4	70 − 5	40 − 9	40 − 15	50 − 11
90 − 4	80 − 6	20 − 6	90 − 15	70 − 11

◄ 9 14 15 19 25 26 31 39 56 59 65 65 67 73 74 75 76 76 82 86

4 Setze fort.

a)
| 50 − 1 |
| 50 − 3 |
| 50 − 5 |
| 50 − ▢ |
| ▢ − ▢ |

b)
| 80 − 5 |
| 80 − 6 |
| 80 − 7 |
| 80 − ▢ |
| ▢ − ▢ |

c)
| 70 − 5 |
| 70 − 4 |
| 70 − 3 |
| 70 − ▢ |
| ▢ − ▢ |

d)
| 40 − 8 |
| 50 − 8 |
| 60 − 8 |
| 70 − ▢ |
| ▢ − ▢ |

e)
| 90 − 3 |
| 90 − 6 |
| 90 − 9 |
| 90 − ▢ |
| ▢ − ▢ |

f)

Welches Päckchen beschreibe ich?
Die erste Zahl bleibt immer gleich.
Die zweite Zahl wird immer um 1 größer.
Deshalb wird das Ergebnis
immer um ... .

g) Sucht andere Päckchen aus. Beschreibt sie euch gegenseitig.

Evtl. mit Material legen. **4** Diff.: Weitere starke Päckchen erfinden und notieren. Evtl. darüber sprechen, dass die Umkehraufgabe als Überprüfung des Ergebnisses einer (Minus-)Aufgabe genutzt werden kann.

1 In eine Kiste passen 20 Flaschen. Wie viele Flaschen fehlen noch?

16 + ⬛ = 20

In der Kiste fehlen
noch ⬛ Flaschen.

2 Ergänze auf die nächste Zehnerzahl.

a)

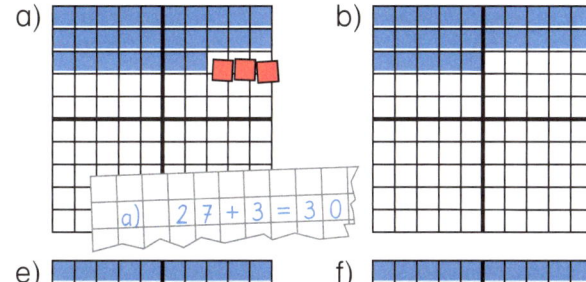

a) 27 + 3 = 30

b)

c)

d)

e)

f)

g)

h)

3 Rechne und prüfe mit der Umkehraufgabe.

a) 48 + ⬛ = 50
46 + ⬛ = 50
44 + ⬛ = 50
42 + ⬛ = 50
40 + ⬛ = 50

b) 63 + ⬛ = 70
61 + ⬛ = 70
68 + ⬛ = 70
65 + ⬛ = 70
67 + ⬛ = 70

c) 41 + ⬛ = 50
52 + ⬛ = 60
93 + ⬛ = 100
74 + ⬛ = 80
85 + ⬛ = 90

d) 88 + ⬛ = 90
17 + ⬛ = 20
36 + ⬛ = 40
65 + ⬛ = 70
74 + ⬛ = 80

4 Ergänze auf die nächste Zehnerzahl.

a) 68   a) 68 + 2 = 70

b) 17   c) 33   d) 55   e) 77   f) 92

g) 21   h) 32   i) 73   j) 56   k) 94   l) 83

5 a)
Wenn du
zu meiner Zahl
sieben dazuzählst,
erhältst du 50.

b)
Wenn du
zu meiner Zahl
acht dazuzählst,
erhältst du 100.

c)
Wenn du
zu meiner Zahl
neun dazuzählst,
erhältst du 90.

Beim Rechnen
ohne
Zehnerübergang…

1 Wie rechnest du? Vergleicht und besprecht die Rechenwege.

27 + 8

Umut

27 + 3 + 5 = 35
Jana

7 + 8 = 15
20 + 15 = 35
Mia

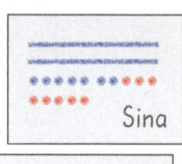
Sina

27 + 10 − 2 = 35
Fin

```
0    5    10   15   20   25   30   35   40   45
```

2 Rechne.

a)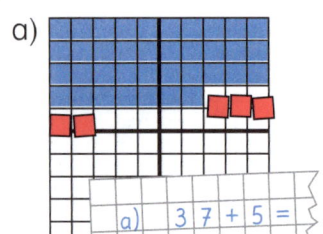

a) 37 + 5 =

b)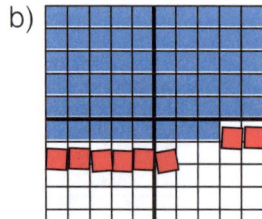

c)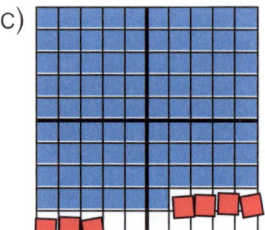

d)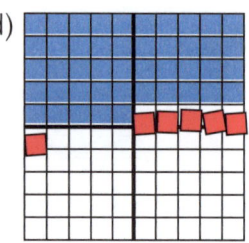

3 Rechne. Vergleicht eure Rechenwege.

a) 50 + 8   b) 74 + 9   c) 37 + 5   d) 77 + 6   e) 58 + 3

4 Rechne auf deinem Weg.

a) 6 + 8	b) 3 + 9	c) 5 + 7	d) 5 + 8	e) 12 + 9
16 + 8	13 + 9	15 + 7	35 + 8	49 + 4
26 + 8	23 + 9	25 + 7	52 + 9	73 + 8

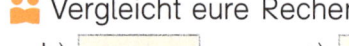
12 12 13 14 21 22 22 24 32 32 34 43 53 61 81

5
a) 48 + ▢ = 54   b) 67 + ▢ = 71   c) 46 + ▢ = 54   d) 88 + ▢ = 96
   46 + ▢ = 52   65 + ▢ = 73   52 + ▢ = 61   17 + ▢ = 25

6 Welche Aufgaben passen nicht? Schreibt sie so, dass das Ergebnis stimmt.

a) Ergebnis 73	b) Ergebnis 45	c) Ergebnis 92	d) Ergebnis 54
68 + 5	39 + 5	83 + 9	47 + 7
65 + 9	37 + 6	88 + 3	46 + 9
66 + 6	38 + 7	86 + 8	49 + 2

7 **Forschen** Mit welchen Plusaufgaben aus drei aufeinanderfolgenden Zahlen
kannst du diese Ergebnisse erzielen?

a) 12   b) 18   c) 66   d) 39   e) 24   f) 99

g) Mit welchen vier aufeinanderfolgenden Zahlen erzielst du das Ergebnis 42?

1 Am Zahlenstrahl orientieren. 2 Diff.: Am Hunderterfeld mit Steckwürfeln legen.
7 Forscherheft nutzen.

1 Wie rechnest du? Vergleicht und besprecht die Rechenwege.

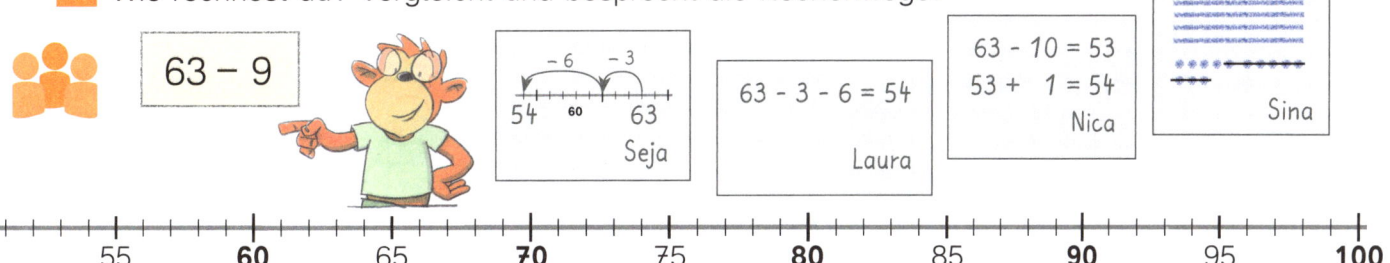

63 – 9

63 – 10 = 53
53 + 1 = 54
Nica

Seja

63 - 3 - 6 = 54
Laura

Sina

Zahlenstrahl: 55 60 65 70 75 80 85 90 95 100

2 Rechne.

a)   b)   c)   d)

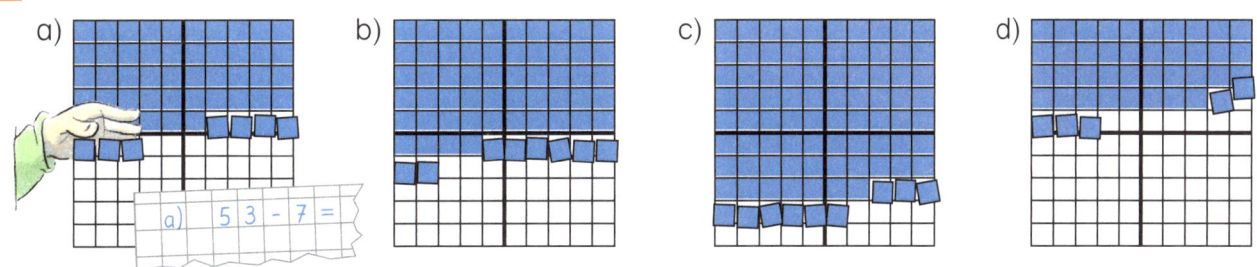

a) 5 3 – 7 =

3 Rechne.   Vergleicht eure Rechenwege.

a) 26 – 9   b) 95 – 6   c) 75 – 7   🐝 d) 32 – 8   🐝 e) 53 – 8

4 Rechne auf deinem Weg.

a) 15 – 6   b) 17 – 9   c) 14 – 8   d) 13 – 5   e) 16 – 7
   35 – 6   77 – 9   84 – 8   94 – 7   22 – 4
   55 – 6   57 – 9   74 – 8   85 – 6   71 – 6

◀ 6 8 8 9 9 18 29 48 49 65 66 68 76 79 87

5 a) 33 – ▢ = 29   b) 47 – ▢ = 38   c) 61 – ▢ = 57   d) 71 – ▢ = 64
   56 – ▢ = 48   21 – ▢ = 14   92 – ▢ = 85   83 – ▢ = 76

6 Welche Aufgaben passen nicht? Schreibt sie so, dass das Ergebnis stimmt.

a)
Ergebnis 38
42 – 4
45 – 7
46 – 9

b)
Ergebnis 86
94 – 7
92 – 6
95 – 8

c)
Ergebnis 75
83 – 8
86 – 6
82 – 9

d)
Ergebnis 27
31 – 6
35 – 8
33 – 6

7 Forschen a) Untersuche diese Zahlenpaare. Was fällt dir auf?

| 20 | 15 | | 37 | 32 | | 48 | 53 | | 86 | 91 | | 70 | 65 | | 59 | 64 |

b) Ergänze die fehlenden Zahlen der Zahlenpaare und schreibe die Regel auf.

| 26 | 18 | | 34 | 42 | | 75 | | | 12 | | | 94 | |

Beim Rechnen mit Zehnerübergang...

c) Schreibe eigene Zahlenpaare und die Regel auf.

1 Nennt euch die Plusaufgabe zu jedem Feld und das Ergebnis.

Das ist eine Rechentafel.

12 + 5 = 17   12 + 6 = 18

a)

+	5	6	7
12	17	18	
13			

b)

+	3	5	7
26			
27			
28			

c)

+	10	30	50
34			
36			
38			

2 a)

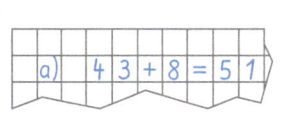

48 − 5

−	5	6	8
48			
49			

b)

−	4	7	9
54			
63			

c)

−	10	40	60
64			
63			

3 In jeder Rechentafel sind zwei Fehler. Finde sie. Rechne richtig.

Ich prüfe mit der Umkehraufgabe.

a)

+	5	6	8
43	48	49	50
22	27	28	30
54	58	60	62

a)   4 3 + 8 = 5 1

b)

−	6	8	9
49	43	41	40
36	30	27	27
78	72	70	68

4 Ergebnisjagd

Wer sammelt die meisten Ergebnisse?

1. Setze einen Stein auf ein freies Feld in der Rechentafel. Rechne.
2. Setze einen anderen Stein auf das passende Ergebnisfeld.
3. Steht ein Stein deines Mitspielers dort, darfst du ihn hinauswerfen.

Die 28 gehört jetzt mir.

4. Wechselt euch ab.
5. Sieger ist, wer am Ende die meisten Ergebnisfelder besetzt hat.

Rechentafel

+	4	5	6
23			
24			
25			

Ergebnisfelder

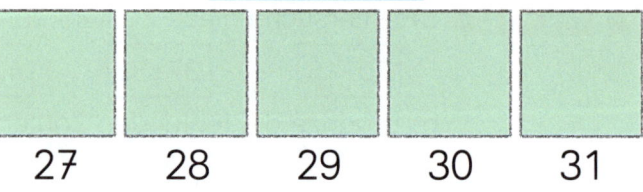

27   28   29   30   31

4 Evtl. Gewinnstrategien besprechen und im Spiel überprüfen.

1 Schreibe Vorgänger und Nachfolger.

a) ▨ 73 ▨ b) ▨ 88 ▨ c) ▨ 64 ▨ d) ▨ 50 ▨ e) ▨ 90 ▨

2 Schreibe die Nachbarzehner.

a) 71   a) 70, 71, 80   b) 48   c) 99   d) 56   e) 38   f) 41   g) 67

3
a)	b)	c)	d)	e)
63 + 5	73 + 6	58 − 7	39 − 8	12 − 1
52 + 6	65 + 2	98 − 6	87 − 4	69 − 5
72 + 3	83 + 7	45 − 5	29 − 6	66 − 6

◄ 11   23   31   40   51   58   60   64   67   68   75   79   83   90   92

4
a)	b)	c)	d)	e)
38 + 20	50 + 17	19 + 60	42 − 20	66 − 50
47 + 30	20 + 32	34 + 50	56 − 30	83 − 20
16 + 40	60 + 29	44 + 30	85 − 40	98 − 60

◄ 16   22   26   38   45   52   56   58   63   67   74   77   79   84   89

5
a)	b)	c)	d)	e)
10 − 5	70 − 7	90 − 6	70 − 5	40 − 8
20 − 4	60 − 6	80 − 2	90 − 1	30 − 7
30 − 2	50 − 5	60 − 9	60 − 3	50 − 9

◄ 5   16   23   28   32   41   45   51   54   57   63   65   78   84   89

6
a)	b)	c)	d)
22 + ▨ = 31	55 + ▨ = 62	92 − ▨ = 87	36 − ▨ = 28
87 + ▨ = 94	47 + ▨ = 56	77 − ▨ = 69	45 − ▨ = 39
64 + ▨ = 71	38 + ▨ = 41	63 − ▨ = 57	51 − ▨ = 47

◄ 3   4   5   6   6   7   7   7   8   8   9   9

7 Ergänze auf die nächste Zehnerzahl.

a) 54   a) 5 4 + 6 = 6 0   b) 63   c) 91   d) 25   e) 72   f) 97

8 Welche Flächenformen sind Quadrate?

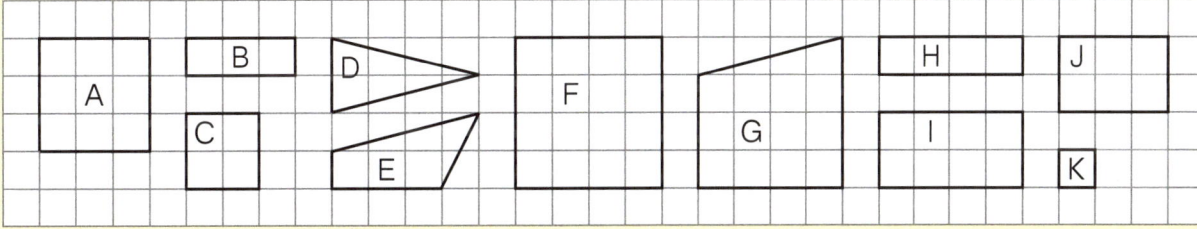

Wortspeicher

immer
sicher

vielleicht
möglich

nie
unmöglich

1 Welche Kinder haben recht? Überlege. Vergleicht und besprecht.

Es ist möglich, dass ich eine blaue Kugel ziehe.

Ich ziehe sicher eine rote Kugel.

Es ist unmöglich, eine grüne Kugel zu ziehen.

2 Nick zieht **eine** Kugel.

Sicher, möglich, unmöglich? Entscheidet und begründet.

a)   A Er zieht eine grüne Kugel.
       B Er zieht eine blaue Kugel.
       C Er zieht eine gelbe Kugel.

b)   A Er zieht eine rote Kugel.
       B Er zieht eine blaue Kugel.
       C Er zieht eine gelbe Kugel.

c)   A Er zieht eine grüne Kugel.
       B Er zieht eine blaue Kugel.
       C Er zieht eine gelbe Kugel.

3 Finde passende Säckchen.

A      B      C      D      E   

a) Es ist möglich, dass ich eine rote Kugel ziehe.
b) Es ist sicher, dass ich eine grüne Kugel ziehe.
c) Es ist unmöglich, dass ich eine rote Kugel ziehe.
d) Es ist sicher, dass ich eine rote Kugel ziehe.
e) Es ist möglich, dass ich eine gelbe Kugel ziehe.

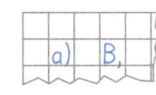

4 Male immer acht passende Kugeln in ein Säckchen.   Besprecht eure Lösungen.

a) Nick: Es ist sicher, dass ich eine rote Kugel ziehe.
b) Emma: Es ist unmöglich, dass ich eine blaue Kugel ziehe.
c) Nick: Es ist möglich, dass ich eine grüne Kugel ziehe.
d) Emma: Es ist möglich, dass ich eine rote oder eine blaue Kugel ziehe.
e) Nick: Es ist unmöglich, dass ich eine rote oder eine gelbe Kugel ziehe.

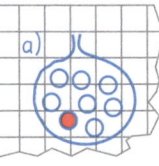

1 a) Welche Aussagen stimmen? Überlege. Vergeicht und besprecht.

Bei beiden Säckchen ist es möglich, eine rote Kugel zu ziehen.

Es ist wahrscheinlich, dass ich eine rote Kugel ziehe.

Es ist unwahrscheinlich, dass ich eine rote Kugel ziehe.

b) Nehmt zwei Säckchen und füllt sie wie im Bild. Zieht 20-mal eine Kugel. Legt sie nach jedem Zug wieder zurück. Notiert die Ergebnisse in einer Strichliste und vergleicht.

📖 **Wortspeicher**

oft — wahrscheinlich — möglich — unwahrscheinlich — selten

2 Vermute, welches Säckchen zu welcher Strichliste gehört. Bei welchem Säckchen ist es wahrscheinlich, bei welchem unwahrscheinlich, dass du eine rote Kugel ziehst?

a)   b)   c)   d)

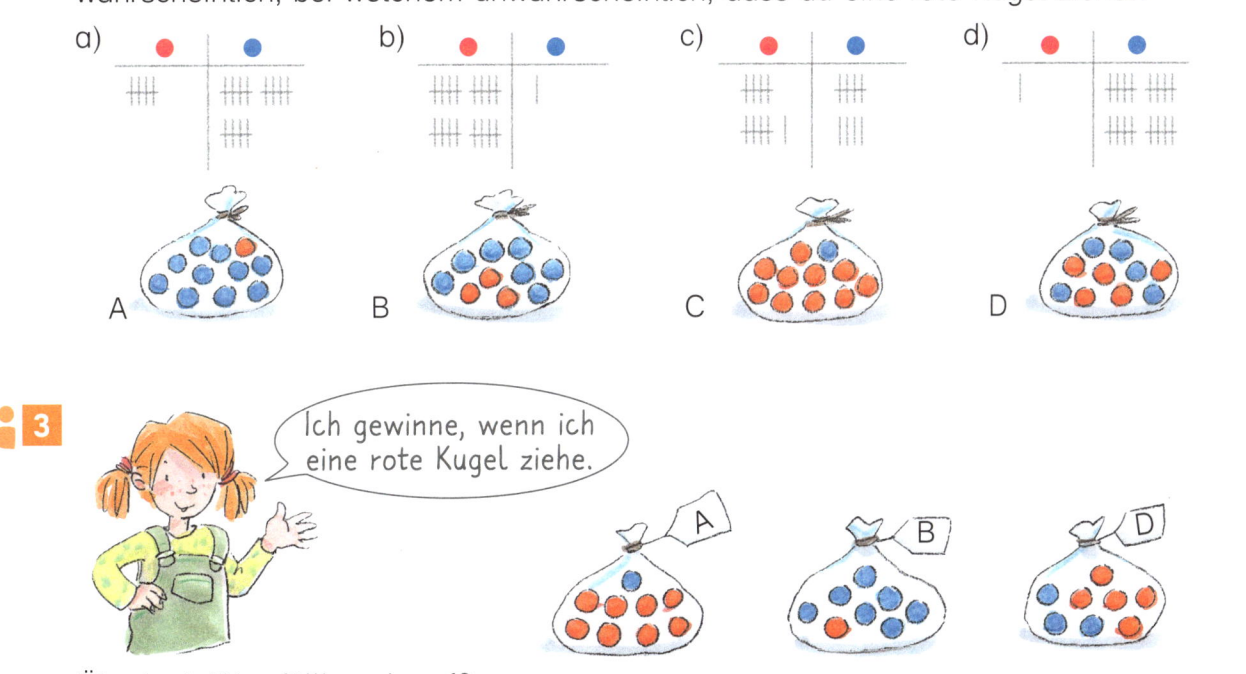

A   B   C   D

3

Ich gewinne, wenn ich eine rote Kugel ziehe.

A   B   D

Überlegt. Was fällt euch auf?

a) Bei welchen Säckchen ist es wahrscheinlich, dass Carina gewinnt?

b) Bei welchem Säckchen ist es unwahrscheinlich, dass Carina gewinnt?

4 Male immer acht passende Perlen in ein Säckchen.   👥 Besprecht eure Lösungen.

a) Peter: Es ist wahrscheinlich, dass ich eine blaue Kugel ziehe.

b) Mia: Es ist unwahrscheinlich, dass ich eine blaue Kugel ziehe.

Beim Einschätzen ob etwas sicher,...

Wortspeicher nutzen.

1 b) Alle Strichlisten der Klasse miteinander vergleichen.

AH 24

Geldscheine **Münzen**

€ bedeutet **Euro**
ct bedeutet **Cent**
1 € = 100 ct

1 Legt die abgebildeten Münzen und Scheine und ordnet sie nach ihrem Wert.

a) Euro-Münzen und Euro-Scheine      b) Cent-Münzen

2 Wie viel Geld ist es jeweils?

a)    b) 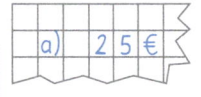   c)    d)

e)    f)    g)    h)

3 Wie viel Geld ist es jeweils? Schätzt vorher, ob die Münzen mehr als 50 ct ergeben.

a)    b) 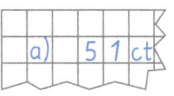   c)    d)

e)    f)    g)    h)

4 Welche Kinder haben gleich viel Geld?

Rica   Lars   Paul   Jan   Anna

5 Wie kannst du die Gegenstände bezahlen?
Lege und zeichne jeweils zwei verschiedene Möglichkeiten.

a)
12 €

b)
40 ct

c)
15 €

d)
85 ct

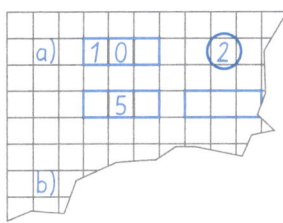

6 Lege und zeichne.

a) 10 € mit zwei Scheinen   b) 5 € mit drei Münzen   c) 50 ct mit vier Münzen

d) 10 ct mit fünf Münzen   e) 6 € mit drei Münzen   🐝 f) 50 € mit vier Scheinen

7 Lege mit möglichst wenig Münzen. Zeichne.

a) 15 ct   b) 38 ct   c) 59 ct   d) 83 ct   🐬 e) 115 ct

8 Lege mit möglichst wenig Scheinen und Münzen. Zeichne.

a) 40 €   b) 27 €   c) 88 €   d) 95 €   🐬 e) 175 €

🔍 **9** Forschen   Wie viel Geld kann es sein? Finde verschiedene Möglichkeiten.

a) Felix hat vier gleiche Euro-Münzen.

b) Jasmin hat drei gleiche Scheine. Es sind weniger als 100 €.

c) Ella hat fünf Münzen. Es sind nur 1-€-Münzen und 2-€-Münzen.

10 Ordnet die Preise richtig zu.

A
Inliner

B
Semmel

C
Monitor

D
Kartenspiel

A ... €   50 ct   100 €   3 €   40 €   10 ct

🔍 **11** Forschen   Finde Gegenstände, die ungefähr so viel kosten.

a) 50 ct   b) 1 €   c) 10 €   🐝 d) 20 €   🐝 e) 10 ct

Rechengeld verwenden. **6** Es gibt z.T. mehrere Möglichkeiten. **9** und **11** Forscherheft nutzen.
10 Ein Preis ist übrig. **10** und **11** Prospekte, Kataloge oder das Internet nutzen,
um Preise anderer Gegenstände zu recherchieren. Anschließend darüber sprechen.

AH 25   **45**

Lotta verkauft auf dem Schulbasar.

ein Band 45 ct
ein Armband 30 ct
ein Stein 5 ct
jedes Kastanientier 20 ct
jedes Glas 70 ct
ein Anhänger 30 ct
eine Karte 50 ct
jedes Lesezeichen 20 ct

1 Kannst du die Fragen beantworten? Schreibe **ja** oder **nein**.

A Wie teuer ist ein Anhänger?   B Wie groß ist Lotta?

C Wie viel kostet ein Armband?   D Wie viele Steine verkauft Lotta?

E Was kauft Jan ein?   F Wie viel kosten zwei Karten zusammen?

A	ja

2 Wie viel kostet es jeweils? Schreibe eine Rechnung und eine Antwort.

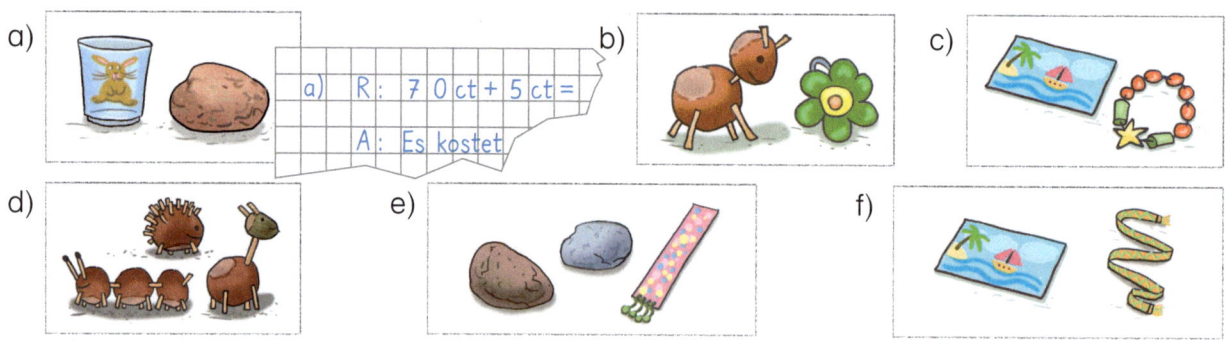

a)

a) R: 7 0 ct + 5 ct =
A: Es kostet

b)

c)

d)

e)

f)

3 Was würdet ihr kaufen?

a) Ihr habt 60 ct.   b) Ihr habt 90 ct.   c) Ihr habt 80 ct.

d) Ihr habt 95 ct.   e) Ihr habt 85 ct.   f) Ihr habt 1 € 20 ct.

4 Finde eine passende Frage. Rechne und antworte.

a) Noah kauft ein Glas und einen Stein.

b) Simon kauft zwei Karten.

c) Pia hat 50 ct. Sie kauft ein Lesezeichen.

a) F: Wie viel muss
R:
A:

5 Kann das stimmen?

a) Lotta verkauft drei verschiedene Dinge für 80 ct.

b) Ines hat 50 ct und kauft ein Lesezeichen. Sie bekommt eine Münze zurück.

c) Elian bezahlt seinen Anhänger mit drei Münzen.

d) Selina kauft drei Dinge und bezahlt mit einer Münze.

Beim Rechnen mit Euro und Cent...

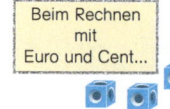

Begriffe „ein", „jedes" klären. Eigenen Flohmarkt durchführen.
3 Es darf auch Geld übrig bleiben.
5 Eine Aussage stimmt nicht.

1 Springe vorwärts am Zahlenstrahl. Schreibe die Zahlenfolgen auf.

a)

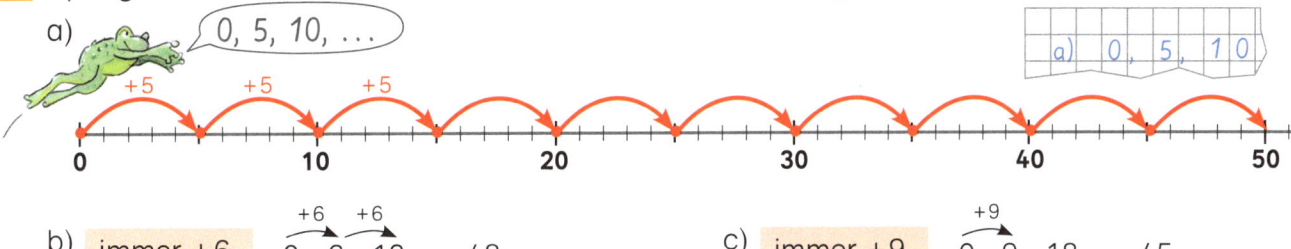

0, 5, 10, ...

+5   +5   +5

0   10   20   30   40   50

a) 0, 5, 10

b) immer +6   +6 +6   0, 6, 12, ... 48

c) immer +9   +9   0, 9, 18, ... 45

2 Finde die Regel. Setze die Zahlenfolgen fort.

a) 0, 10, 20, 30, ... 80

b) 0, 2, 4, 6, ... 14

c) 40, 48, 56, 64, ... 96

d) 0, 7, 14, 21, ... 56

e) 0, 11, 22, 33, ... 77

f) 10, 21, 32, 43, ... 87

3 Findet zu jeder Regel eine Zahlenfolge. Wählt eine Startzahl. Schreibt immer 5 Zahlen.

a) immer +3

b) immer +4

c) immer +9

d) immer + ▨

4 Springe rückwärts am Zahlenstrahl. Schreibe die Zahlenfolgen auf.

a)

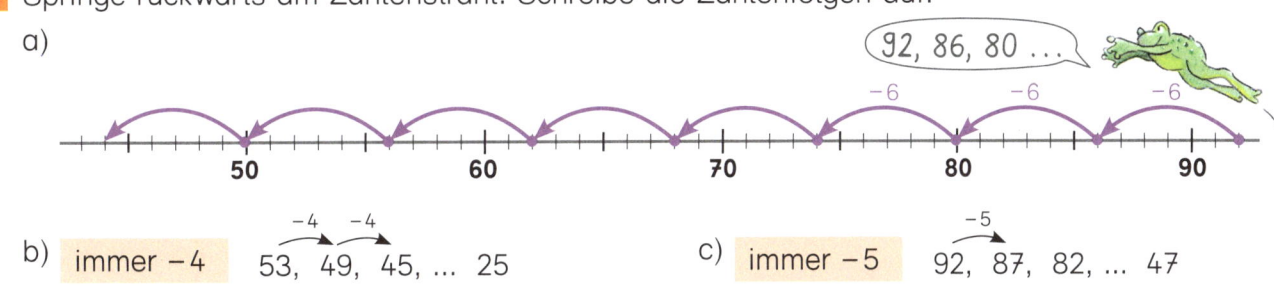

92, 86, 80 ...

−6   −6   −6

50   60   70   80   90

b) immer −4   −4 −4   53, 49, 45, ... 25

c) immer −5   −5   92, 87, 82, ... 47

5 Finde die Regel. Setze die Zahlenfolgen fort.

a) 100, 95, 90, 85, ... 65

b) 91, 81, 71, 61, ... 21

c) 52, 50, 48, 46, ... 38

d) 78, 75, 72, 69, ... 57

e) 54, 50, 46, 42, ... 26

f) 36, 33, 30, 27, ... 15

6 Findet zu jeder Regel eine Zahlenfolge. Wählt eine Startzahl. Schreibt immer 5 Zahlen.

a) immer −3

b) immer −4

c) immer −9

d) immer − ▨

7 Untersucht, wie der Frosch springt. Erklärt und schreibt die Zahlenfolgen auf.

a)

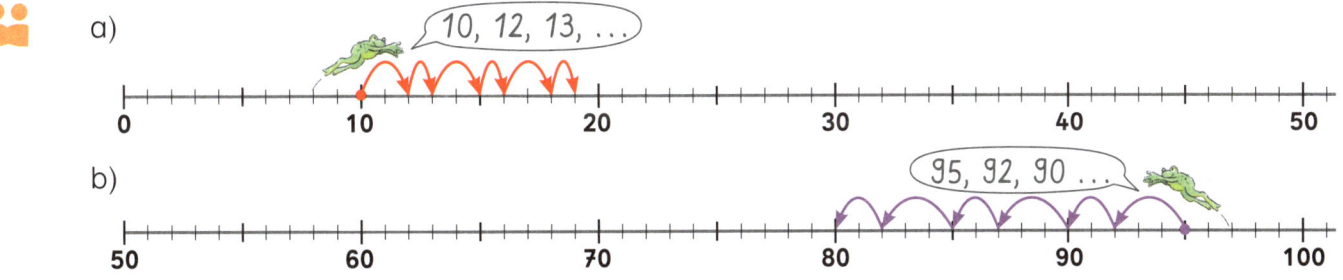

10, 12, 13, ...

0   10   20   30   40   50

b)

95, 92, 90 ...

50   60   70   80   90   100

1 Wie rechnest du? Vergleicht und besprecht die Rechenwege.

$43 + 25$

$43 + 20 = 63$
$63 + 5 = 68$
Greta

$40 + 20 = 60$
$3 + 5 = 8$
$60 + 8 = 68$
Mehmet

$43 + 5 = 48$
$48 + 20 = 68$
Leon

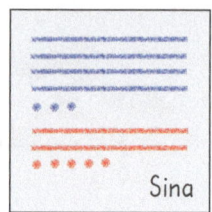
Sina

2 Rechne. 👥 Vergleicht eure Rechenwege.

a) $51 + 17$ b) $45 + 33$ c) $56 + 21$ 🐝 d) $62 + 27$ 🐝 e) $27 + 42$

3
a) $25 + 14$
$64 + 22$
$43 + 16$
$45 + 13$
$51 + 18$

b) $63 + 14$
$26 + 42$
$31 + 56$
$42 + 35$
$45 + 41$

c) $74 + 11$
$47 + 22$
$85 + 14$
$54 + 25$
$56 + 13$

🐝 d) $45 + 52$
$14 + 61$
$24 + 74$
$22 + 66$
$62 + 33$

🐬 e) $36 + 34$
$36 + 36$
$15 + 17$
$47 + 19$
$27 + 39$

◄ 32 39 58 59 66 66 68 69 69 69 70 72 75 77 77 79 85 86 86 87 88 95 97 98 99

4
a) $46 + \blacksquare = 77$
$72 + \blacksquare = 95$
$31 + \blacksquare = 86$

b) $54 + \blacksquare = 68$
$85 + \blacksquare = 97$
$13 + \blacksquare = 36$

c) $42 + \blacksquare = 73$
$78 + \blacksquare = 99$
$34 + \blacksquare = 86$

d) $27 + \blacksquare = 79$
$63 + \blacksquare = 88$
$99 + \blacksquare = 99$

5 Setze fort.

a)
$23 + 5$
$23 + 15$
$23 + 25$
$23 + \blacksquare$
$23 + \blacksquare$

b)
$34 + 3$
$34 + 13$
$34 + 23$
$34 + \blacksquare$
$34 + \blacksquare$

c)
$86 + 12$
$76 + 12$
$66 + 12$
$56 + \blacksquare$
$46 + \blacksquare$

d)
$45 + 21$
$45 + 22$
$45 + 23$
$45 + \blacksquare$
$45 + \blacksquare$

e)
$61 + 38$
$62 + 37$
$63 + 36$
$64 + \blacksquare$
$65 + \blacksquare$

f)
Welches Päckchen beschreibe ich? Die erste Zahl wird immer um 10 kleiner. Die zweite Zahl bleibt immer gleich. Deshalb wird das Ergebnis immer um ... .

👥 g) Sucht andere Päckchen aus. Beschreibt sie euch gegenseitig.

6 Forschen a) Bilde Plusaufgaben aus zwei zweistelligen Zahlen.
b) Bilde Plusaufgaben, deren Ergebnis größer als 70 ist.
c) Bilde Plusaufgaben, deren Ergebnis kleiner als 50 ist.
d) Bilde Plusaufgaben, deren Ergebnis genau 68 ist.

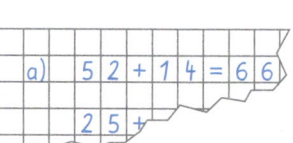

48

3 Evtl. mit Material legen.
5 Diff.: Weitere „starke" Päckchen erfinden und notieren.
6 Forscherheft nutzen.

Minusaufgaben mit zweistelligen Zahlen ohne Zehnerübergang

 1 Wie rechnest du? Vergleicht und besprecht die Rechenwege.

 57 − 23

57 − 20 = 37
37 − 3 = 34
Alexandra

Mia

57 − 3 = 54
54 − 20 = 34
Eva

2 Rechne. 👥 Vergleicht eure Rechenwege.

a) 56 − 14   b) 45 − 24   c) 87 − 32   d) 64 − 51   e) 98 − 63

3

a)	b)	c)	🐝 d)	🐬 e)
76 − 35	87 − 53	94 − 82	78 − 32	54 − 24
42 − 21	78 − 67	46 − 31	65 − 52	54 − 25
96 − 42	65 − 12	67 − 23	43 − 33	63 − 15
75 − 33	63 − 23	44 − 11	95 − 63	62 − 38
56 − 31	45 − 12	87 − 56	64 − 43	34 − 19

◄ 10 11 12 13 15 15 21 21 24 25 29 30 31 32 33 33 34 40 41 42 44 46 48 53 54

4

a) 78 − ▣ = 14   b) 48 − ▣ = 21   c) 54 − ▣ = 34   d) 88 − ▣ = 57
   36 − ▣ = 22   37 − ▣ = 12   25 − ▣ = 3   59 − ▣ = 33
   69 − ▣ = 36   84 − ▣ = 43   62 − ▣ = 51   84 − ▣ = 12

5 Setze fort.

a)
87 − 11
87 − 22
87 − 33
87 − ▣
87 − ▣

b)
69 − 7
69 − 17
69 − 27
69 − ▣
69 − ▣

c)
86 − 15
76 − 15
66 − 15
56 − ▣
46 − ▣

d)
65 − 15
65 − 14
65 − 13
65 − ▣
65 − ▣

e)
78 − 18
76 − 26
74 − 34
72 − ▣
70 − ▣

f) Welches Päckchen beschreibe ich? Die erste Zahl bleibt immer gleich. Die zweite Zahl wird immer um 10 größer. Deshalb wird das Ergebnis immer um ... .

👥 g) Sucht andere Päckchen aus. Beschreibt sie euch gegenseitig.

6 Forschen a) Bilde Minusaufgaben aus zwei zweistelligen Zahlen.
b) Bilde Minusaufgaben, deren Ergebnis größer als 60 ist.
c) Bilde Minusaufgaben, deren Ergebnis kleiner als 40 ist.
d) Bilde Minusaufgaben, deren Ergebnis genau 35 ist.

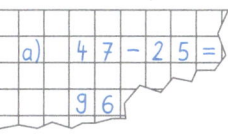

3 Evtl. mit Material legen. 5 Diff.: Weitere „starke" Päckchen erfinden und notieren.   AH 28
6 Forscherheft nutzen. Evtl. darüber sprechen, dass die Umkehraufgabe als Überprüfung
des Ergebnisses einer (Minus-)Aufgabe genutzt werden kann.

49

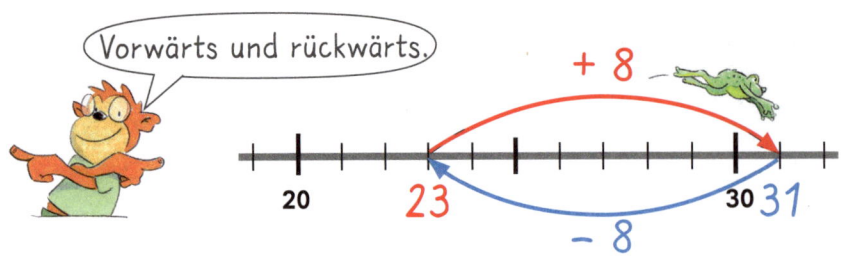

Vorwärts und rückwärts.

$+8$
20   23   30 31
-8

1 Rechne Aufgabe und Umkehraufgabe.

a)
52 + 6
58 − 6

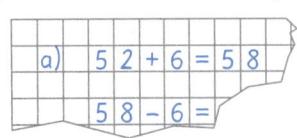
a) 5 2 + 6 = 5 8
    5 8 − 6 =

b)
35 + 4
39 − 4

c)
68 − 5
63 + 5

d)
76 − 3
73 + 3

2 Rechne Aufgabe und Umkehraufgabe.

a) 43 + 5   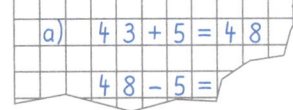 a) 4 3 + 5 = 4 8   4 8 − 5 =   b) 24 + 8   c) 55 + 9   d) 64 + 7

e) 97 − 6   f) 91 − 8   g) 82 − 9   h) 99 − 7

🐝 i) 77 + 5   🐝 j) 57 + 8   🐝 k) 72 − 7   🐝 l) 34 − 6   🐝 m) 68 − 4

3 Richtig oder falsch? Prüfe mit der Umkehraufgabe.

a) 68 − 6 = 60   Lia

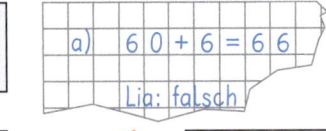
a) 6 0 + 6 = 6 6
    Lia: falsch

b) 35 − 6 = 31   Ole

c) 45 − 7 = 38   Jule

🐝 d) 58 − 9 = 48   Rica

🐝 e) 71 − 9 = 62   Ben

🐝 f) 42 − 8 = 46   Lars

🐝 g) 94 − 9 = 85   Marie

4 Löse die Zahlenrätsel.

a) Wenn du von meiner Zahl 14 wegnimmst, erhältst du 63.

a) − 1 4 = 6 3
    6 3 + 1 4 =
    Meine Zahl heißt

Ich löse mit der Umkehraufgabe.

b) Wenn du von meiner Zahl 34 wegnimmst, erhältst du 65.

c) Wenn du zu meiner Zahl 9 dazurechnest, erhältst du 55.

d) Wenn du zu meiner Zahl 11 dazurechnest, erhältst du 44.

e) Wenn du von meiner Zahl 26 wegnimmst, erhältst du 40.

🐬 f) Erfinde eigene Zahlenrätsel. Schreibe auf.

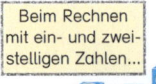
Beim Rechnen mit ein- und zweistelligen Zahlen...

Gleichungen und Ungleichungen

1 Probiert aus, welche Zahlen passen. Was fällt euch auf?

27 + ▢ = 30

27 + ▢ < 30

27 + ▢ > 30

`0` `1` `2` `3` `4` `6` `5`

2 a) 26 + ▢ = 30
26 + ▢ < 30

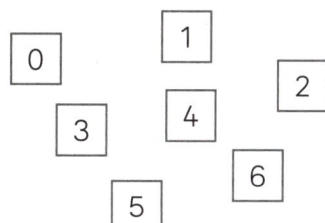

a) 2 6 + 4 = 3 0
2 6 + 0 < 3 0
2 6 + 1 <

b) 48 + ▢ = 50
48 + ▢ < 50

c) 67 + ▢ = 70
67 + ▢ < 70

3 Schreibe immer zwei Lösungen.

a) 70 + ▢ < 72
20 + ▢ < 23
30 + ▢ < 35

b) 29 + ▢ > 30
36 + ▢ > 40
55 + ▢ > 58

👥 Vergleicht eure Lösungen.

c) 75 + ▢ < 81
33 + ▢ > 39
96 + ▢ < 100

d) 30 + ▢ > 33
71 + ▢ < 75
92 + ▢ > 94

4 Probiert aus, welche Zahlen passen. Was fällt euch auf?

a) 64 − ▢ = 60
64 − ▢ < 60
64 − ▢ > 60

`0` `1` `2` `3` `4` `5` `7` `8` `6` `9`

b) 45 − ▢ = 37
45 − ▢ < 37
45 − ▢ > 37

5 a) 53 − ▢ = 50
53 − ▢ > 50

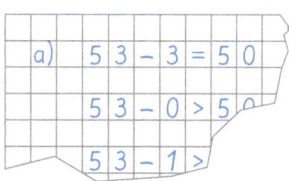

a) 5 3 − 3 = 5 0
5 3 − 0 > 5 0
5 3 − 1 >

b) 85 − ▢ = 82
85 − ▢ > 82

c) 92 − ▢ = 90
92 − ▢ > 90

6 Schreibe immer zwei Lösungen.

a) 24 − ▢ > 21
67 − ▢ > 64
55 − ▢ > 58

b) 54 − ▢ < 50
89 − ▢ < 90
35 − ▢ < 30

👥 Vergleicht eure Lösungen.

c) 31 − ▢ < 38
40 − ▢ > 42
67 − ▢ < 73

Zwei Aufgaben sind nicht lösbar.

7 Vergleiche.

a) 36 + 7
32 + 9

a) 3 6 + 7 > 3 2 + 9
4 3   4 1

b) 75 + 6
82 + 3

c) 47 + 3
42 + 8

d) 69 + 3
70 + 2

Bei Gleichungen und Ungleichungen...

Wortspeicher nutzen.
2 und **5** Alle möglichen Lösungen für die Ungleichungen notieren.

1 Löse die Rechengeschichten. Schreibe eine passende Frage, Rechnung und Antwort.
Vergleicht eure Lösungen.

a) Auf dem Eis sind schon 32 Kinder.
Es kommen noch 6 Kinder dazu.

b) In der Klasse 2a sind 26 Kinder.
7 davon können noch nicht
Schlittschuhlaufen.

c) Der Schlittschuhverleih hat 22 Paar
schwarze und 34 Paar weiße
Schlittschuhe.

d) Von den 88 Zuschauerplätzen
sind 38 besetzt.

2 Wie löst du die Rechengeschichte? Vergleicht und besprecht.

Es dürfen 50 Personen auf die Eisfläche.
23 Kinder und 16 Erwachsene sind
schon darauf.
Wie viele Personen dürfen noch auf
die Eisfläche?

Ich überlege zuerst,
wie viele Personen schon
auf der Eisfläche sind
und dann...

3 Löse die Rechengeschichten. Schreibe Rechnung und Antwort.

a) Die zweiten Klassen fahren zum
Eislaufen. Insgesamt müssen sich
39 Kinder Schlittschuhe ausleihen.
In der Klasse 2a sind es 16 Kinder,
in der Klasse 2b sind es 12 Kinder.
Wie viele Kinder der Klasse 2c
müssen sich Schlittschuhe ausleihen?

b) Die Klasse 2b und 2c fahren
zum Schlittschuhlaufen.
Es fahren 26 Mädchen, 24 Jungen
und 6 Begleitpersonen mit.
Im Bus gibt es 58 Sitzplätze.
Wie viele Sitzplätze sind
noch frei?

1 Ergänze die Lücken sinnvoll. Schreibe die Rechengeschichten vollständig auf.
Rechne und antworte.　 Vergleicht eure Rechengeschichten.

a) Anton kauft sich einen
Schneeanzug für ▮ € und
▮▮▮▮ für 15 €.
Wie viel muss er bezahlen?

b) An der Futterstelle im Wald
sind 3 Rehe und ▮ Vögel.
Wie viele ▮▮▮▮
sind an der Futterstelle?

c) In Lisas Klasse haben ▮ Kinder einen Bob.
Doppelt so viele Kinder haben einen Schlitten.
Wie viele Kinder haben einen ▮▮▮▮ ?

2 a) Welche Rechengeschichten kannst du nicht lösen? Vergleicht und besprecht.

A　15 Kinder haben einen Schlitten.
Die anderen haben einen Bob.
Wie viele Kinder haben einen Bob?

B　Auf dem Schlittenberg stehen
8 Mädchen und 14 Jungen.
Wie viele Kinder sind es insgesamt?

C　7 Kinder rodeln den Berg herunter.
Oben am Berg warten noch Kinder.
Wie viele Kinder sind am
Schlittenberg?

D　Oma kauft einen Schlitten und
Handschuhe. Sie bezahlt 78 €.
Wie viel kostet der Schlitten?

E　Am Schlittenberg sind 12 Erwachsene,
13 Mädchen und 21 Jungen.
Wie viele Personen sind am
Schlittenberg?

b) Schreibe die nicht lösbaren
Aufgaben so, dass du sie
lösen kannst.

3 Welche Informationen brauchst du nicht zum Lösen dieser Rechengeschichten?
Schreibe kürzer. Rechne und antworte.

a) Am Schlittenberg haben 17 Kinder
einen roten Bob und 9 Kinder
einen blauen Bob. 7 Kinder tragen
eine Bommelmütze.
Wie viele Kinder haben einen Bob?

b) Bei einem Winterspaziergang
begegnen Tina 3 Kinder aus ihrer
Klasse. Am Vogelhäuschen
entdeckt sie 7 Meisen, 8 Amseln
und 5 Finken.
Wie viele Vögel kann sie
beobachten?

c) Lisa bekommt zum Geburtstag 60 €
geschenkt. Sie kauft sich von ihrem
Geld Schlittschuhe für 40 € und
einen Helm für 18 €.
Wie viel muss sie bezahlen?

Beim Lösen
von Rechen-
geschichten...

2 b) Diff.: Rechengeschichten zum Lösen weitergeben.　　　　　　　　　　　　AH31
Preise und Öffnungszeiten einer nahegelegenen Eisanlage im Internet oder vor Ort recherchieren.

53

1 **Knobeln** a) Mia ist 10 Jahre jünger als ihre Schwester Lisa.
Zusammen sind sie 26 Jahre alt. Wie alt ist Mia? Wie alt ist Lisa?

Nick probiert, bis es passt.

Auch Emma probiert.

Ich weiß: Mia ist 10 Jahre jünger.

Mia	Lisa	Unterschied	zusammen
5	15	10	20
6	16	10	22
7	17	10	24

Ich weiß: Zusammen sind sie 26 Jahre alt.

Lisa	Mia	Unterschied	zusammen
13	13	0	26
14	12	2	26
15	11	4	26

Findest du einen anderen Weg?

Mia ist ▊ Jahre alt, Lisa ist ▊ Jahre alt.

b) Max und Luka sind zusammen 18 Jahre alt.
Max ist 6 Jahre älter als Luka.
Wie alt ist Max, wie alt ist Luka?

c) Mama und Papa sind zusammen
90 Jahre alt.
Mama ist 4 Jahre älter als Papa.

2 **Knobeln** a) Finn sieht in einem Gehege
Esel und Strauße.
Er zählt zusammen 12 Beine.
Wie viele Esel und
wie viele Strauße könnten es sein?

Nick probiert.

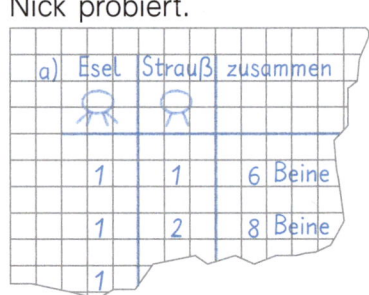

a) Esel	Strauß	zusammen
1	1	6 Beine
1	2	8 Beine
1		

b) Am Teich sitzen Enten und Schildkröten.
Samira sieht 20 Beine.

3 **Knobeln** Im Terrarium sind Mäuse und Spinnen.

a) Zusammen haben die Tiere 40 Beine.
Wie viele Mäuse und
wie viele Spinnen könnten es sein?

b) Findet alle Möglichkeiten.

🐬 c) Zusammen haben die Tiere 100 Beine.
Wie viele Mäuse und wie viele Spinnen könnten es sein?

4

a)

b)

1 Die Lösungsstrategie vergleichen.
2 Verschiedene Lösungen sind möglich.

1
a)	b)	c)	d)	e)
35 + 7	91 − 3	76 − 9	16 − 7	28 + 7
28 + 4	24 − 8	45 − 7	23 + 8	35 − 7
87 + 9	62 − 4	59 + 6	90 − 9	43 − 6
76 + 6	53 − 5	87 + 5	65 + 6	37 + 6

◄ 9 16 28 31 32 35 37 38 42 43 48 58 65 67 71 81 82 88 92 96

2 In jeder Rechentafel sind vier Fehler. Finde sie. Rechne richtig.

a)
+	6	9	7
45	51	59	52
37	42	35	44
69	75	78	74

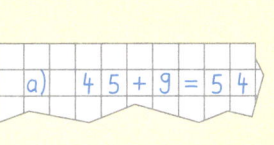
a) 4 5 + 9 = 5 4

b)
−	7	6	8
32	26	26	28
76	69	70	66
91	88	85	83

3 Wie viel Geld ist es jeweils?

a)    b)    c)    d)

e)    f)    g)    h)

4
a)	b)	c)	d)	e)
52 + 30	36 + 20	84 + 10	48 − 40	53 − 40
52 − 30	36 − 20	84 − 10	48 + 40	53 + 40

◄ 8 13 16 22 56 74 82 88 93 94

5
a)	b)	c)	d)	e)
41 + 23	62 + 35	76 − 31	94 − 73	88 − 77
34 + 13	16 + 71	86 − 14	87 − 35	99 − 33

◄ 11 21 45 47 52 64 66 72 87 97

6 Setze ein. > < =

a)	b)	c)	d)
26 + 4 ● 30	46 − 6 ● 38	53 ● 45 + 7	29 ● 33 − 3
26 + 5 ● 30	45 − 7 ● 38	83 ● 76 + 9	58 ● 71 − 8
26 + 0 ● 30	45 − 5 ● 38	44 ● 44 + 0	86 ● 93 − 7

7 Welche Zahlen passen?

a) 25 + ▨ < 32

0	1	2	3	4
5	6	7	8	9

a) 0, 1, 2,

b) 47 + ▨ < 51

0	2	4	6
8	10	20	30

c) 65 − ▨ > 58

0	1	2	3
4	5	6	7

 **1** Erzählt.

AH 33

Wortspeicher

$5 + 5 + 5 + 5$

$4 \cdot 5$

4 **mal** 5

2 Erzählt. Findet passende Plusaufgaben und Malaufgaben.

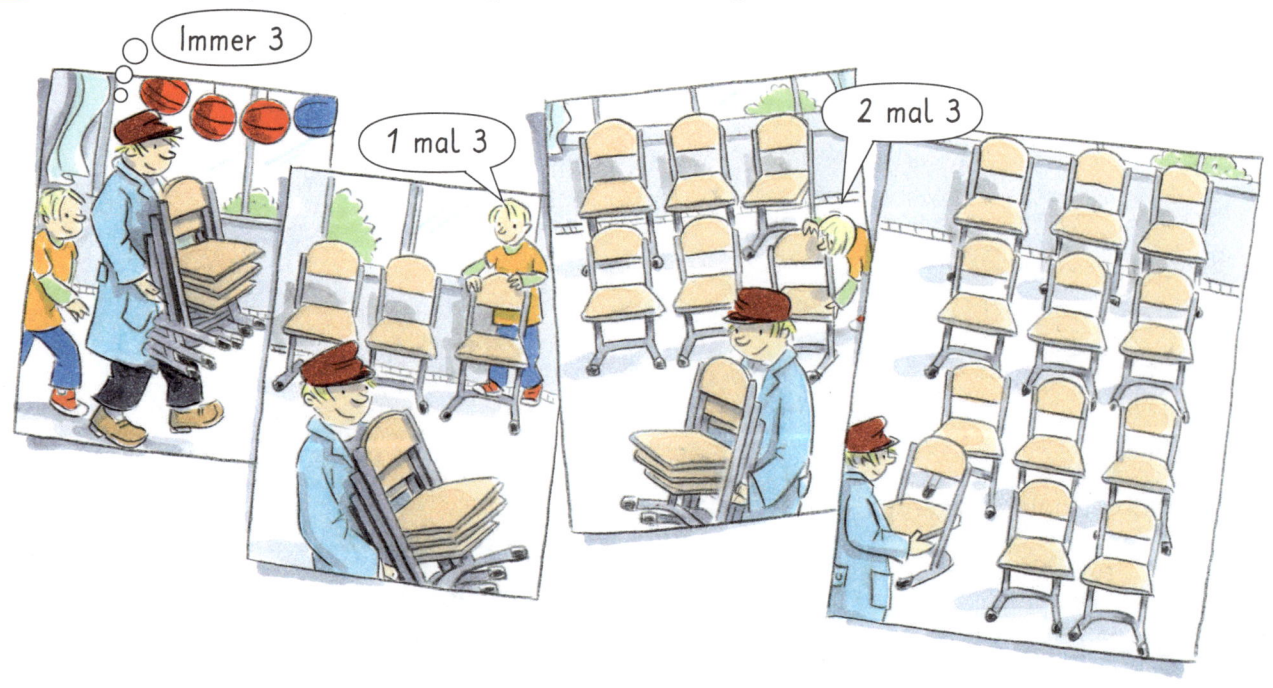

56

Wortspeicher nutzen.
1 Rechengeschichten erzählen. Multiplikation als verkürzte Addition einführen.
2 Zeitlich-sukzessiven und räumlich-simultanen Aspekt der Multiplikation besprechen.

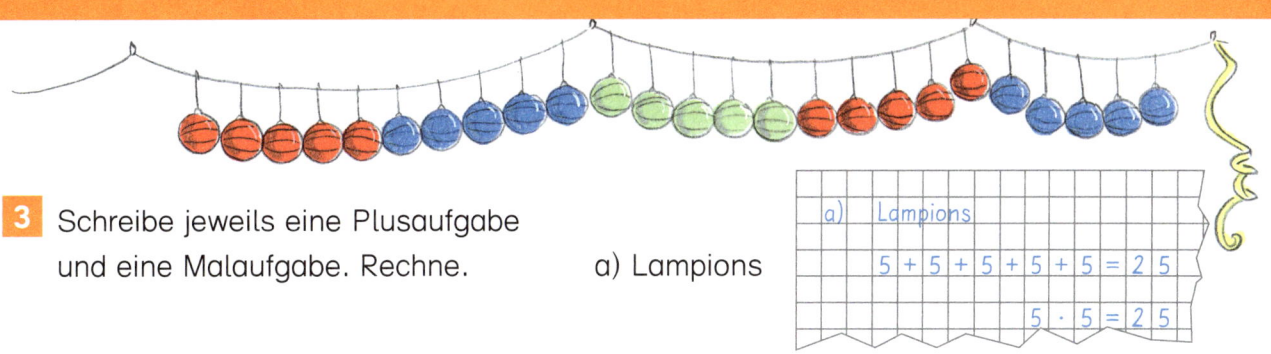

3 Schreibe jeweils eine Plusaufgabe
und eine Malaufgabe. Rechne.

a) Lampions

a)	Lampions
$5 + 5 + 5 + 5 + 5 = 25$	
$5 \cdot 5 = 25$	

b) Tassen

c) Hotdogs

d) Muffins

f) Käsesemmeln

e) Wurstsemmeln

g) Schokoküsse

h) Wasser

Malaufgaben in der Umwelt suchen.
Evtl. ein eigenes Klassenfest durchführen.

AH 33

57

1 Schreibt jeweils die passende Plusaufgabe und Malaufgabe. Rechnet.

a)

a) $3 + 3 =$

$2 \cdot 3 =$

b)

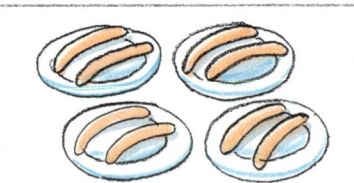  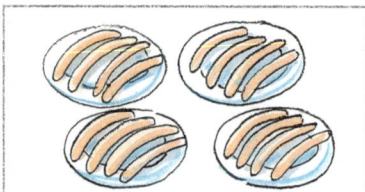

2 Erzählt. Findet zu jedem Bild eine passende Plusaufgabe und eine Malaufgabe. Rechnet.

a)   b)   c)

d)   e)   f)

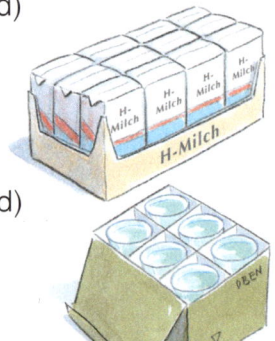  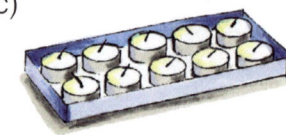 

3 Schreibe zu jeder Malaufgabe eine Plusaufgabe und rechne.

a) $4 \cdot 3$ a) $3 + 3 + 3 + 3 =$ b) $6 \cdot 2$ c) $2 \cdot 4$ d) $5 \cdot 2$ e) $3 \cdot 5$

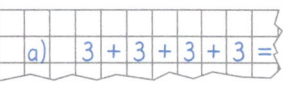

4 Wie heißt die Plusaufgabe? Schreibe, wenn möglich, eine Malaufgabe und rechne.

a)   b)   c)

5 Schreibe zu jeder Plusaufgabe, wenn möglich, eine Malaufgabe und rechne.

a) $9 + 9 + 9 + 9 + 9$ a) $9 + 9 + 9 + 9 + 9 =$ b) $5 + 5 + 5 + 5 + 4$ c) $10 + 10$

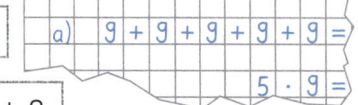

$5 \cdot 9 =$

d) $3 + 3 + 3 + 3 + 3 + 3$ e) $6 + 6 + 6$ f) $4 + 2 + 2 + 2$

Mal – Tauschaufgaben

1 Warum sind die Ergebnisse gleich?

Wortspeicher

Tauschaufgaben

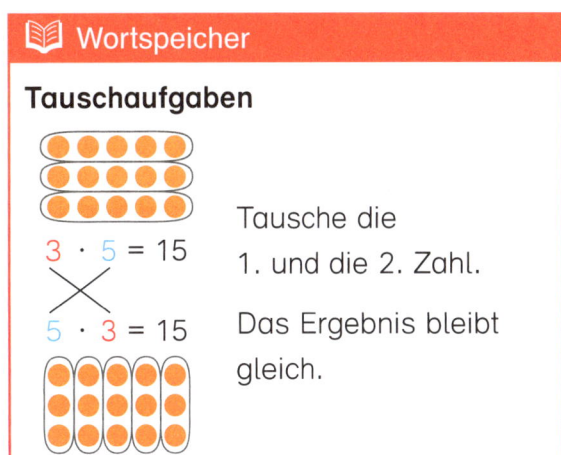

Tausche die 1. und die 2. Zahl.

Das Ergebnis bleibt gleich.

2 Male und kreise ein. Rechne Aufgabe und Tauschaufgabe.

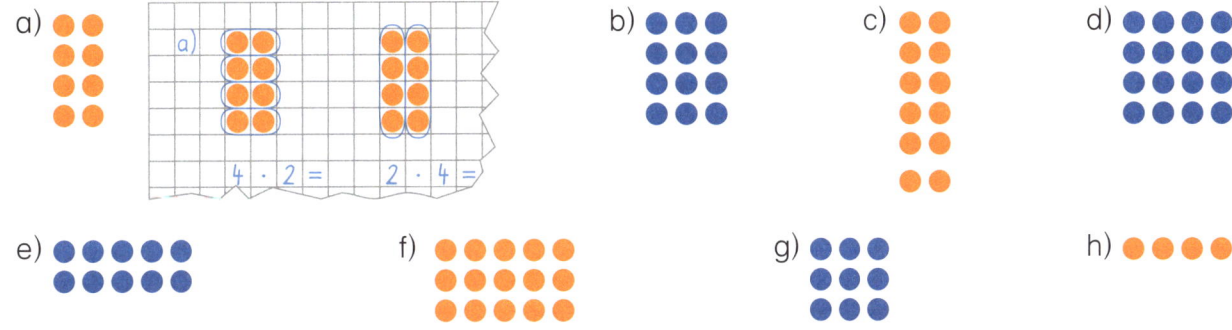

3 Schreibe Aufgabe und Tauschaufgabe. Rechne.

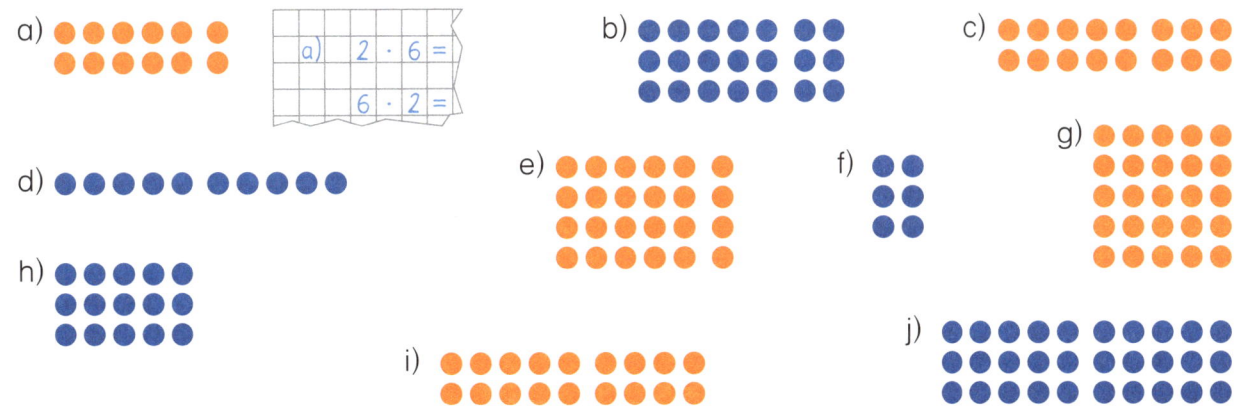

4 Male. Schreibe Aufgabe und Tauschaufgabe. Rechne.

a) 1 · 3
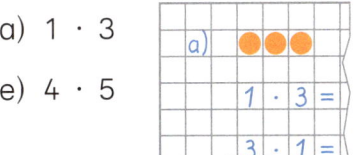
e) 4 · 5

b) 5 · 3

c) 3 · 2

d) 6 · 4

 f) 3 · 9

🐝 g) 4 · 7

🐝 h) 8 · 3

1 Besprecht.

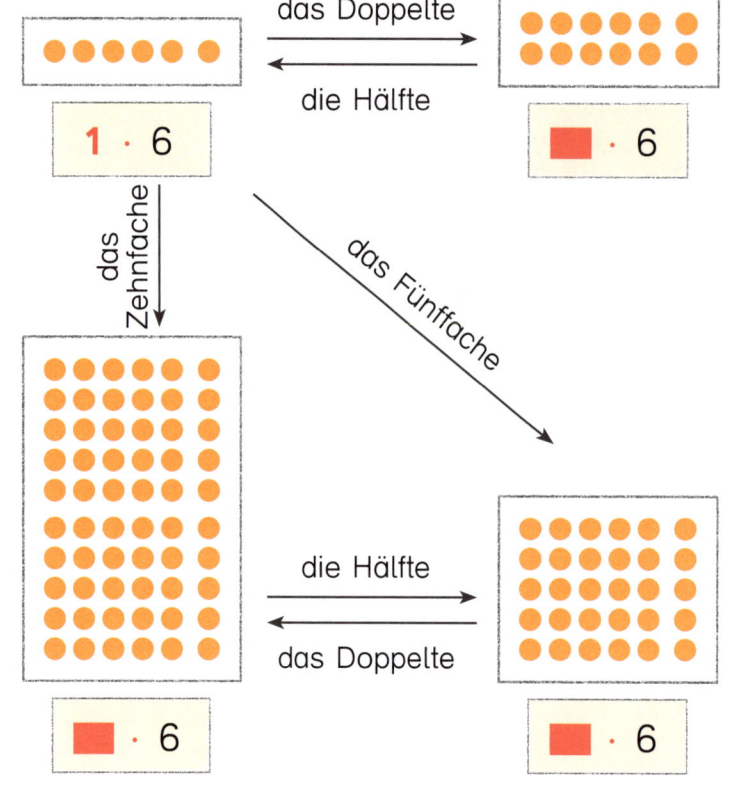

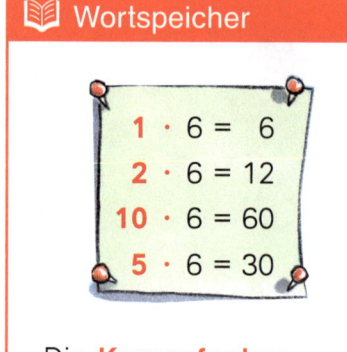

📖 Wortspeicher

1 · 6 = 6
2 · 6 = 12
10 · 6 = 60
5 · 6 = 30

Die **Kernaufgaben**
helfen beim Lösen
der anderen Aufgaben.

2 Immer die **Hälfte**.

a) 10 · 1
   5 · 1

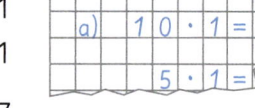

b) 10 · 4
   5 · 4

c) 10 · 3
   5 · 3

d) 10 · 2
   5 · 2

e) 10 · 5
   5 · 5

f) 10 · 7
   5 · 7

g) 10 · 10
   5 · 10

h) 10 · 8
   5 · 8

i) 10 · 6
   5 · 6

j) 10 · 9
   5 · 9

3 Immer das **Doppelte**.

a) 1 · 7
   2 · 7

b) 1 · 10
   2 · 10

c) 1 · 4
   2 · 4

d) 1 · 2
   2 · 2

e) 1 · 8
   2 · 8

f) 1 · 5
   2 · 5

g) 1 · 6
   2 · 6

h) 1 · 1
   2 · 1

k) 1 · 3
   2 · 3

l) 1 · 9
   2 · 9

4

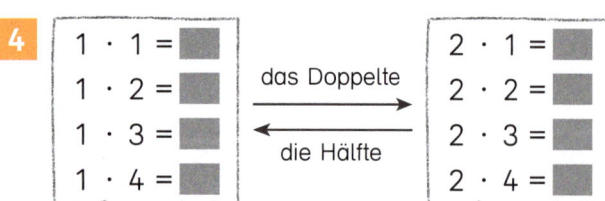

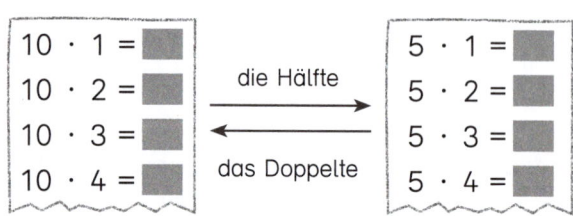

5 Löse mit der
Tauschaufgabe.

a) 8 · 5
   7 · 10

b) 6 · 1
   3 · 2

c) 7 · 2
   9 · 5

d) 8 · 1
   4 · 10

Wortspeicher nutzen.
Kernaufgaben herleiten: das Doppelte, das Zehnfache, das Fünffache.
Die Ergebnisse der Kernaufgaben und ihrer Tauschaufgaben in der Einmaleinstabelle eintragen.

1 Welche Aufgaben sind dargestellt? Zeigt am Hunderterfeld und rechnet.

 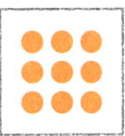 

$1 \cdot 1 = $ ⬛ $2 \cdot 2 = $ ⬛ $3 \cdot $ 🟥 $ = $ ⬛ $4 \cdot $ 🟥 $ = $ ⬛

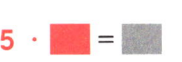
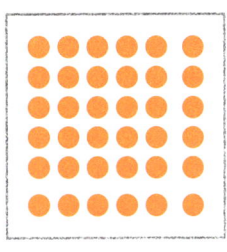

$5 \cdot $ 🟥 $ = $ ⬛ $6 \cdot $ 🟥 $ = $ ⬛

Erklärt, setzt fort und zeigt am Hunderterfeld.

📖 **Wortspeicher**

Bei einer **Quadrataufgabe** werden zwei gleiche Zahlen malgenommen.

$4 \cdot 4 = 16$

Das Ergebnis einer Quadrataufgabe heißt **Quadratzahl**.

2 Zeichne und rechne die Quadrataufgaben.

a) $1 \cdot 1$ b) $2 \cdot 2$ c) $5 \cdot 5$
d) $4 \cdot 4$ e) $3 \cdot 3$ f) $7 \cdot 7$

 Vergleicht eure Lösungen.

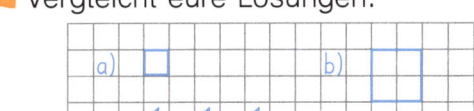

3 Schreibe zu den Quadratzahlen die Quadrataufgaben.

a) 100    b) 25   c) 64   d) 49   e) 81   f) 36

4 Aus welchen Aufgaben kannst du Quadrataufgaben bilden?

a) $3 \cdot $ ⬛ $ = 9$ b) $6 \cdot $ ⬛ $ = 36$ c) $4 \cdot $ ⬛ $ = 16$ d) $2 \cdot $ ⬛ $ = 12$ e) $5 \cdot $ ⬛ $ = 25$

🔍 **5** Forschen Von einer Quadrataufgabe zur nächsten. Zeichne und rechne.

 Wie viele Punkte kommen dazu?       Erkennst du eine Regel?

6

 Quadrataufgaben sind auch Kernaufgaben. Die merke ich mir.

Quadrataufgaben

$1 \cdot 1 = $ ⬛ $2 \cdot 2 = $ ⬛ $3 \cdot 3 = $ ⬛ $4 \cdot 4 = $ ⬛ $5 \cdot 5 = $ ⬛

$6 \cdot 6 = $ ⬛ $7 \cdot 7 = $ ⬛ $8 \cdot 8 = $ ⬛ $9 \cdot 9 = $ ⬛ $10 \cdot 10 = $ ⬛

Wortspeicher nutzen. Den Begriff Quadrataufgaben erklären.
5 Forscherheft nutzen.
Die Ergebnisse der Quadrataufgaben in der Einmaleinstabelle eintragen.

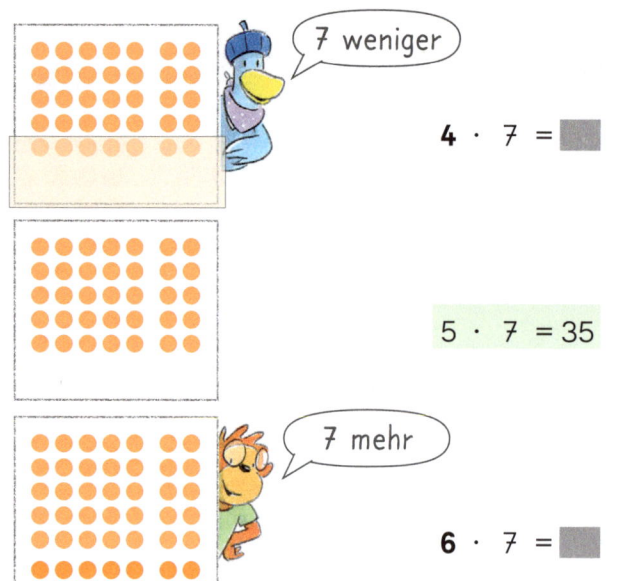

4 · 7 = ▢

5 · 7 = 35

6 · 7 = ▢

📖 Wortspeicher

Nachbaraufgaben

4 · 7 = 28   7 **weniger**

5 · 7 = 35

6 · 7 = 42   7 **mehr**

1 Zeige am Hunderterfeld. Rechne zuerst die Kernaufgabe, dann die Nachbaraufgaben.

a) 4 · 3
   5 · 3
   6 · 3

b) 4 · 2
   5 · 2
   6 · 2

c) 4 · 4
   5 · 4
   6 · 4

d) 4 · 6
   5 · 6
   6 · 6

e) 4 · 8
   5 · 8
   6 · 8

f) 4 · 7
   5 · 7
   6 · 7

g) 1 · 8
   2 · 8
   3 · 8

h) 1 · 9
   2 · 9
   3 · 9

i) 1 · 3
   2 · 3
   3 · 3

j) 1 · 6
   2 · 6
   3 · 6

k) 1 · 7
   2 · 7
   3 · 7

l) 1 · 4
   2 · 4
   3 · 4

2
a) 4 · 5
   5 · 5
   6 · 5

b) 3 · 4
   4 · 4
   5 · 4

c) 2 · 3
   3 · 3
   4 · 3

d) 5 · 6
   6 · 6
   7 · 6

e) 6 · 7
   7 · 7
   8 · 7

f) 7 · 8
   8 · 8
   9 · 8

🐬 **3**
a) 9 · 4
   10 · 4
   11 · 4

b) 9 · 8
   10 · 8
   11 · 8

c) 9 · 3
   10 · 3
   11 · 3

d) 9 · 6
   10 · 6
   11 · 6

e) 9 · 7
   10 · 7
   11 · 7

f) 9 · 5
   10 · 5
   11 · 5

4 Schreibe die Aufgabe und die zwei Nachbaraufgaben. Rechne.

a) 2 · 9

  a) 1 · 9 = 9
    2 · 9 = 18
    3 · 9 = 27

b) 5 · 6

c) 2 · 5

d) 7 · 7

e) 2 · 7

f) 5 · 10

g) 6 · 6

5 Welche Kernaufgaben helfen?

a) (2 · 4) ∘∘ 3 · 4 ∘∘ (4 · 4)

b) 6 · 7

c) 9 · 4

d) 8 · 9

e) 7 · 8

Wortspeicher nutzen.
3 Evtl. am Hunderterfeld zeigen lassen.
Die Ergebnisse von allen Nachbaraufgaben in der Einmaleinstabelle eintragen.

1 a)

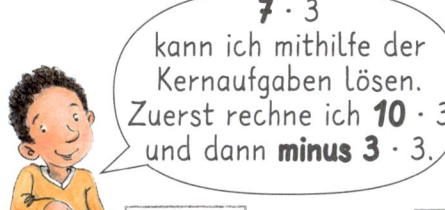

7 · 6
kann ich mithilfe der Kernaufgaben lösen. Zuerst rechne ich **2** · 6 und dann **plus 5** · 6.

Sarah

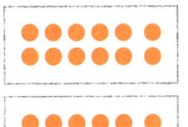

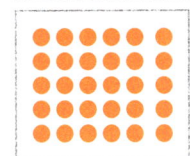

7 · 6 =

2 · 6 = 12

5 · 6 = 30

12 + 30 =

b)

Ahmet

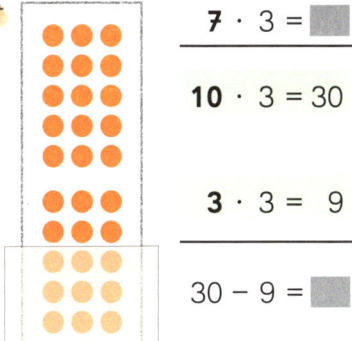

7 · 3
kann ich mithilfe der Kernaufgaben lösen. Zuerst rechne ich **10** · 3 und dann **minus 3** · 3.

7 · 3 =

10 · 3 = 30

3 · 3 = 9

30 − 9 =

2 Rechne wie Sarah. Mithilfe der Kernaufgaben zu den anderen Aufgaben – plus.

a) 3 · 7
   1 · 7
   2 · 7

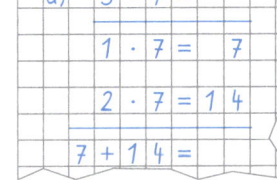

f) 7 · 8

b) 8 · 6
   6 · 6
   2 · 6

g) 4 · 3

c) 6 · 3
   3 · 3
   3 · 3

h) 6 · 4

d) 4 · 6
   2 · 6
   2 · 6

i) 8 · 3

e) 7 · 4
   5 · 4
   2 · 4

🐬 j) 12 · 7

a) 3 · 7 =
1 · 7 = 7
2 · 7 = 14
7 + 14 =

3 Rechne wie Ahmet. Mithilfe der Kernaufgaben zu den anderen Aufgaben – minus.

a) 3 · 7
   5 · 7
   2 · 7

f) 8 · 4

b) 8 · 3
  10 · 3
   2 · 3

g) 6 · 7

c) 3 · 4
   5 · 4
   2 · 4

h) 9 · 4

d) 8 · 9
   9 · 9
   1 · 9

i) 7 · 8

e) 4 · 6
   6 · 6
   2 · 6

🐬 j) 7 · 9

a) 3 · 7 =
5 · 7 = 35
2 · 7 = 14
35 − 14 =

4 Löse die Rechengeschichten. Schreibe Rechnung und Antwort

a) An einer Zaubervorstellung dürfen höchstens 40 Personen teilnehmen. 29 Kinder und 3 Erwachsene sitzen schon im Saal. Wie viele Personen dürfen noch eingelassen werden?

b) Im kleinen Kinosaal sind 70 Plätze. Die Klasse 2a besucht mit 24 Kindern und 3 Begleitpersonen das Kino. Wie viele Plätze sind für die Klassen 2b und 2c noch frei?

🐬 c) Die beiden zweiten Klassen fahren mit dem Bus ins Theater. Der Bus hat 52 Sitzplätze. 46 Kinder und 2 Lehrerinnen steigen ein. Können noch vier weitere Begleitpersonen mitfahren?

1 Wer verwendet welche Strategie? Vergleicht und besprecht.

Selin: *Ich löse meine Aufgabe mit der Tauschaufgabe.*

Jan: *Ich löse meine Aufgabe mit einer Quadrataufgabe.*

Eva: *Ich löse meine Aufgabe mit den Kernaufgaben und rechne plus.*

Tian: *Ich löse meine Aufgabe mit einer Nachbaraufgabe.*

Marie: *Ich löse meine Aufgabe mit den Kernaufgaben und rechne minus.*

A
```
6 · 3 =
3 · 3 = 9
3 · 3 = 9
9 + 9 =
```

B
```
7 · 4 =
5 · 4 = 20
2 · 4 =  8
20 + 8 =
```

C
```
8 · 3 =
10 · 3 = 30
 2 · 3 =  6
30 – 6 =
```

D
```
7 · 2 =
2 · 7 =
```

E
```
4 · 3 =
5 · 3 = 15
6 · 3 =
```

2 Löse die Aufgaben. Welche Strategie nutzt du?
Vergleicht eure Rechenwege.

a) 9 · 4   b) 7 · 6   c) 4 · 7   d) 3 · 8   🐝 e) 8 · 4   🐝 f) 4 · 8
   8 · 9   6 · 7   7 · 5   4 · 9   9 · 7   7 · 8
   9 · 5   4 · 6   8 · 6   8 · 2   8 · 7   9 · 8

3 Beschreibt und erklärt die Fehler der Kinder. Rechnet die Aufgaben richtig.
Besprecht auch eigene Fehler.

a)
```
 9 · 3 = 33
10 · 3 = 30
 1 · 3 =  3
30 + 3 = 33
          Tim
```

b)
```
4 · 8 = 22
5 · 8 = 30
1 · 8 =  8
30 – 8 = 22
        Simon
```

c)
```
6 · 8 = 46
5 · 8 = 40
1 · 6 =  6
40 + 6 = 46
         Lisa
```

d)
```
 7 · 8 = 64
10 · 8 = 80
 2 · 8 = 16
80 – 16 = 64
         Lotta
```

4 a) In einem Stall stehen sieben Pferde. Wie viele Beine haben sie zusammen?

b) In einem Käfig sitzen acht Hasen. Wie viele Ohren haben sie zusammen?

c) In einer Garage stehen sechs Dreiräder. Wie viele Reifen haben sie zusammen?

🐬 d) Auf einem Verkehrsplatz stehen sechs Kettcars und sieben Fahrräder. Wie viele Reifen haben sie zusammen?

Malaufgaben mit 0 und 1

1

2 + 2 + 2 = ▢   1 + ▢ + ▢ = ▢   0 + ▢ + ▢ = ▢
3 · ▢ = ▢   3 · ▢ = ▢   3 · ▢ = ▢

2 Rechne zu jedem Bild die Plusaufgabe und die Malaufgabe.

a)

  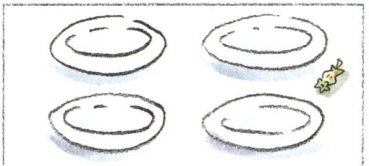

b)

3

a)	2 · 2	b)	5 · 3	c)	10 · 0	d)	4 · 2	e)	8 · 2	f)	7 · 2
	2 · 1		5 · 0		10 · 1		4 · 0		8 · 0		7 · 1
	2 · 0		5 · 1		10 · 2		4 · 1		8 · 1		7 · 0

4

a) 5 · 4
2 · 4
1 · 4
0 · 4

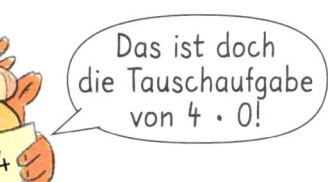

Das ist doch die Tauschaufgabe von 4 · 0!

b) 10 · 5   c) 5 · 7   d) 10 · 9
2 · 5   2 · 7   2 · 9
1 · 5   1 · 7   1 · 9
0 · 5   0 · 7   0 · 9

? 5 Kann das stimmen?

a) Wenn ich eine Zahl mit 1 malnehme, ist das Ergebnis die Zahl selbst.

b) Wenn ich eine Zahl mit 1 malnehme, ist das Ergebnis immer 1.

c) Wenn ich eine Zahl mit 0 malnehme, ist das Ergebnis immer 0.

d) Wenn ich eine Zahl mit 0 malnehme, ist das Ergebnis immer eine Quadratzahl.

Beim Malnehmen...

5 Zwei Aussagen stimmen nicht.

AH 38

1 Wie viele Schuhe sind es?

a)

b)

c)

d)

Wie viele Paare könnten es sein?

2 Das Einmaleins mit 2

1 · 2 = ▮
2 · 2 = ▮
3 · 2 = ▮
4 · 2 = ▮
5 · 2 = ▮
6 · 2 = ▮
7 · 2 = ▮
8 · 2 = ▮
9 · 2 = ▮
10 · 2 = ▮

Übe die Reihen immer wieder.

3
a) 6 · 2   b) 5 · 2   c) 4 · 2   d) 9 · 2
   3 · 2   8 · 2   2 · 2   10 · 2
   1 · 2   10 · 2   0 · 2   11 · 2
   9 · 2   7 · 2   8 · 2   12 · 2

4 Nennt euch gegenseitig alle Zahlen der Zweierreihe vorwärts und rückwärts.

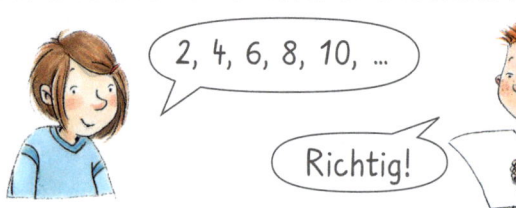

2, 4, 6, 8, 10, …

Richtig!

5
a) ▮ · 2 = 4   b) ▮ · 2 = 2   c) ▮ · 2 = 18   d) ▮ · 2 = 6
   ▮ · 2 = 8   ▮ · 2 = 10   ▮ · 2 = 16   ▮ · 2 = 0
   ▮ · 2 = 10   ▮ · 2 = 12   ▮ · 2 = 14   ▮ · 2 = 24

6
a) 10 = ▮ · 2   b) 16 = ▮ · 2   c) 18 = ▮ · 2   d) 10 = ▮ · 2
   12 = ▮ · 2   8 = ▮ · 2   16 = ▮ · 2   20 = ▮ · 2
   14 = ▮ · 2   4 = ▮ · 2   2 = ▮ · 2   40 = ▮ · 2

7 Wie viele Beine haben die Hühner zusammen?
Schreibe jeweils die passende Malaufgabe und rechne.

a) 5 Hühner
c) 7 Hühner
e) 8 Hühner

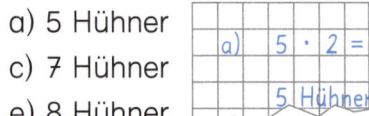
a) 5 · 2 = 1 0
5 Hühner haben 1 0 Beine.

b) 3 Hühner
d) 0 Hühner
f) 6 Hühner

🐝g) 9 Hühner   🐝h) 4 Hühner   🐝i) 10 Hühner
🐝j) 1 Huhn   🐝k) 2 Hühner   🐬l) 12 Hühner

2 bis 4 Das Einmaleins mit 2 automatisieren.
Über die farbig markierten Kernaufgaben innerhalb der Reihe sprechen.

1 Wie viele Beine sind es?

a)

b)

c)

d)

e)

2 Das Einmaleins
mit 4

$1 \cdot 4 =$ ▨
$2 \cdot 4 =$ ▨
$3 \cdot 4 =$ ▨
$4 \cdot 4 =$ ▨
$5 \cdot 4 =$ ▨
$6 \cdot 4 =$ ▨
$7 \cdot 4 =$ ▨
$8 \cdot 4 =$ ▨
$9 \cdot 4 =$ ▨
$10 \cdot 4 =$ ▨

3

a)	b)	c)	d)
$7 \cdot 4$	$1 \cdot 4$	$10 \cdot 4$	$10 \cdot 4$
$4 \cdot 4$	$8 \cdot 4$	$3 \cdot 4$	$11 \cdot 4$
$6 \cdot 4$	$2 \cdot 4$	$5 \cdot 4$	$12 \cdot 4$
$9 \cdot 4$	$7 \cdot 4$	$0 \cdot 4$	$13 \cdot 4$

4 Nennt euch gegenseitig alle Zahlen der Viererreihe vorwärts und rückwärts.

4, 8, 12, …

Richtig!

5
a) ▨ $\cdot 4 = 16$
  ▨ $\cdot 4 = 12$
  ▨ $\cdot 4 = 24$

b) ▨ $\cdot 4 = 4$
  ▨ $\cdot 4 = 8$
  ▨ $\cdot 4 = 0$

c) ▨ $\cdot 4 = 24$
  ▨ $\cdot 4 = 20$
  ▨ $\cdot 4 = 28$

d) ▨ $\cdot 4 = 40$
  ▨ $\cdot 4 = 36$
  ▨ $\cdot 4 = 32$

6
a) $40 =$ ▨ $\cdot 4$
  $4 =$ ▨ $\cdot 4$
  $0 =$ ▨ $\cdot 4$

b) $36 =$ ▨ $\cdot 4$
  $24 =$ ▨ $\cdot 4$
  $12 =$ ▨ $\cdot 4$

c) $32 =$ ▨ $\cdot 4$
  $16 =$ ▨ $\cdot 4$
  $8 =$ ▨ $\cdot 4$

d) $40 =$ ▨ $\cdot 4$
  $44 =$ ▨ $\cdot 4$
  $48 =$ ▨ $\cdot 4$

e) $40 =$ ▨ $\cdot 4$
  $60 =$ ▨ $\cdot 4$
  $80 =$ ▨ $\cdot 4$

7 Wie viele Beine haben die Pferde zusammen?
Schreibe jeweils die passende Malaufgabe und rechne.

a) 5 Pferde
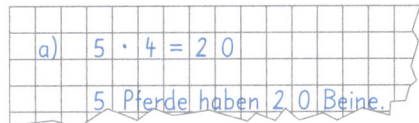
a) $5 \cdot 4 = 20$
5 Pferde haben 20 Beine.

b) 7 Pferde

c) 4 Pferde

d) 10 Pferde

e) 8 Pferde

f) 6 Pferde

g) 3 Pferde

h) 12 Pferde

8 Rechnet. Was fällt euch auf?

a) $3 \cdot 2$
  $3 \cdot 4$

b) $6 \cdot 2$
  $6 \cdot 4$

c) $7 \cdot 2$
  $7 \cdot 4$

d) $5 \cdot 2$
  $5 \cdot 4$

e) $9 \cdot 2$
  $9 \cdot 4$

f) $8 \cdot 2$
  $8 \cdot 4$

2 bis 4 Das Einmaleins mit 4 automatisieren.
Über die farbig markierten Kernaufgaben innerhalb der Reihe sprechen.
8 Zusammenhang zwischen Zweier- und Viererreihe thematisieren: verdoppeln und halbieren.

AH 40

67

1 Wie viele Eier sind es?

a)

b)

c)

d)

2

Das Einmaleins
mit 10

1 · 10 =
2 · 10 =
3 · 10 =
4 · 10 =
5 · 10 =
6 · 10 =
7 · 10 =
8 · 10 =
9 · 10 =
10 · 10 =

3
a)	b)	c)	d)
8 · 10	0 · 10	1 · 10	9 · 10
9 · 10	4 · 10	7 · 10	10 · 10
2 · 10	10 · 10	5 · 10	11 · 10
7 · 10	6 · 10	3 · 10	12 · 10

 **4** Nennt euch gegenseitig
alle Zahlen der Zehnerreihe
vorwärts und rückwärts.

10, 20, 30,…

5
a) ☐ · 10 = 10
☐ · 10 = 20
☐ · 10 = 40

b) ☐ · 10 = 30
☐ · 10 = 60
☐ · 10 = 90

c) ☐ · 10 = 80
☐ · 10 = 70
☐ · 10 = 50

d) ☐ · 10 = 100
☐ · 10 = 110
☐ · 10 = 120

6
a) 10 = ☐ · 10
20 = ☐ · 10
40 = ☐ · 10

b) 50 = ☐ · 10
70 = ☐ · 10
80 = ☐ · 10

c) 90 = ☐ · 10
60 = ☐ · 10
30 = ☐ · 10

d) 100 = ☐ · 10
150 = ☐ · 10
200 = ☐ · 10

7

WAFFELN
Grundrezept
500g Butter, 10 Eier,
400g Zucker, 1kg Mehl,
3/4l Milch

Auf dem Schulfest werden Waffeln gebacken.
Wie viele Eier werden jeweils verarbeitet? Rechne.

a) Frau Schulz bringt die fünffache Menge Teig mit.
b) Herr Fuchs hat die siebenfache Menge Teig vorbereitet.
c) Monas Familie bereitet die vierfache Menge zu.

 **8**

Frau Büschers Hühner haben 37 Eier gelegt.
Wie viele Zehnerkartons braucht sie?

68

3 Das Einmaleins mit 10 automatisieren.
Über die farbig markierten Kernaufgaben innerhalb der Reihe sprechen.

1 Wie viele Finger sind es jeweils?

a)

b)

c)

d)

e)

2 Das Einmaleins mit 5

1 · 5 =
2 · 5 =
3 · 5 =
4 · 5 =
5 · 5 =
6 · 5 =
7 · 5 =
8 · 5 =
9 · 5 =
10 · 5 =

3
a)	b)	c)	d)
7 · 5	1 · 5	8 · 5	9 · 5
4 · 5	3 · 5	5 · 5	10 · 5
8 · 5	10 · 5	0 · 5	11 · 5
2 · 5	9 · 5	6 · 5	12 · 5

4 Nennt euch gegenseitig alle Zahlen der Fünferreihe vorwärts und rückwärts.

5, 10, 15,...

5
a) ▢ · 5 = 40
   ▢ · 5 = 30
   ▢ · 5 = 20

b) ▢ · 5 = 5
   ▢ · 5 = 15
   ▢ · 5 = 25

c) ▢ · 5 = 35
   ▢ · 5 = 40
   ▢ · 5 = 45

d) ▢ · 5 = 50
   ▢ · 5 = 60
   ▢ · 5 = 70

6
a) 5 = ▢ · 5
   10 = ▢ · 5
   15 = ▢ · 5

b) 0 = ▢ · 5
   25 = ▢ · 5
   50 = ▢ · 5

c) 20 = ▢ · 5
   30 = ▢ · 5
   40 = ▢ · 5

d) 45 = ▢ · 5
   55 = ▢ · 5
   60 = ▢ · 5

7 Rechne. Besprecht, was euch auffällt.

a) 10 = ▢ · 10
   10 = ▢ · 5

b) 50 = ▢ · 10
   50 = ▢ · 5

c) 40 = ▢ · 10
   40 = ▢ · 5

d) 20 = ▢ · 10
   20 = ▢ · 5

e) 70 = ▢ · 10
   70 = ▢ · 5

f) 80 = ▢ · 10
   80 = ▢ · 5

g) 100 = ▢ · 10
   100 = ▢ · 5

h) 110 = ▢ · 10
   110 = ▢ · 5

8 Rechne. Besprecht, was euch auffällt.

a) 1 · 10
   2 · 5

b) 2 · 10
   4 · 5

c) 4 · 10
   8 · 5

d) 5 · 10
   10 · 5

e) 3 · 10
   6 · 5

Beim Einmaleins mit 2, 4, 10 und 5...

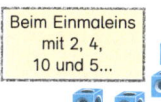

3 Einmaleins mit 5 automatisieren.
Über die farbig markierten Kernaufgaben innerhalb der Reihe sprechen.
8 Zusammenhang zwischen Fünfer- und Zehnereinmaleins thematisieren: verdoppeln und halbieren.

AH 42

1 Die Einmaleinstafel.

Welche Aufgabe gehört zu den Feldern? Rechne.

a) 4 · 3 =   b)   c)   d)   e)   f)   g)

2 Schreibe die Aufgaben zu den grünen Feldern und rechne.

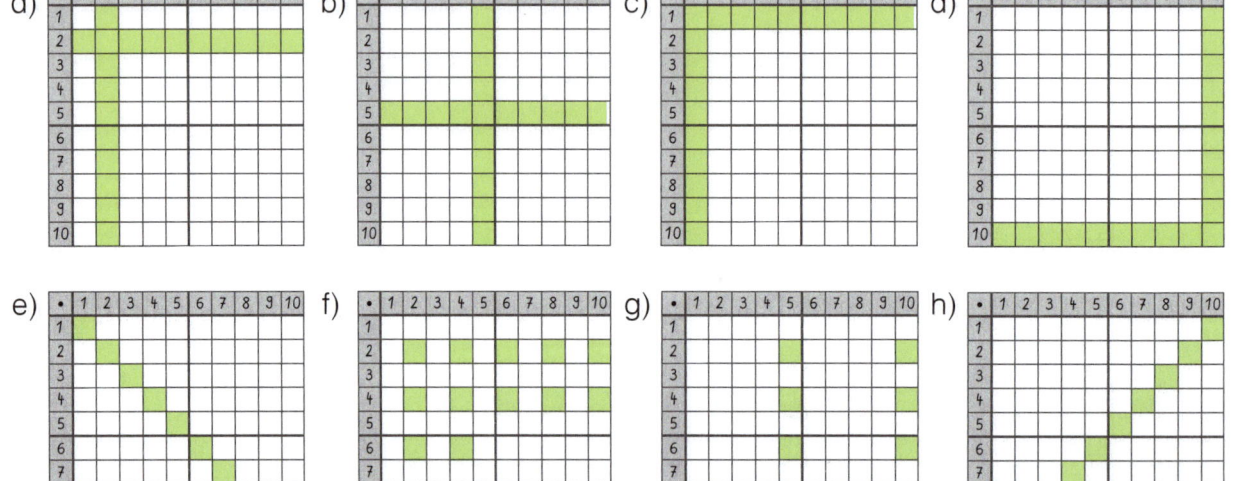

a) b) c) d)

e) f) g) h)

3 Forschen   Lege die Aufgaben in der Einmaleinstafel. Welche Muster entstehen?
Suche Aufgaben, die das gleiche Muster ergeben.

a) 5 · 3, 4 · 4, 5 · 5, 6 · 4   b) 8 · 7, 7 · 8, 8 · 9, 8 · 8   c) 3 · 7, 3 · 9, 5 · 7, 5 · 9

d) 6 · 3, 7 · 2, 7 · 3, 7 · 4, 8 · 3   e) 7 · 8, 7 · 9, 7 · 10, 8 · 8, 8 · 10, 9 · 8, 9 · 9, 9 · 10

Diff.: Alle Ergebnisse der Einmaleinsaufgaben in eine Einmaleinstafel eintragen lassen.
3 Forscherheft nutzen.

1 a) Du brauchst für das Flugzeug ein rechteckiges Blatt Papier.

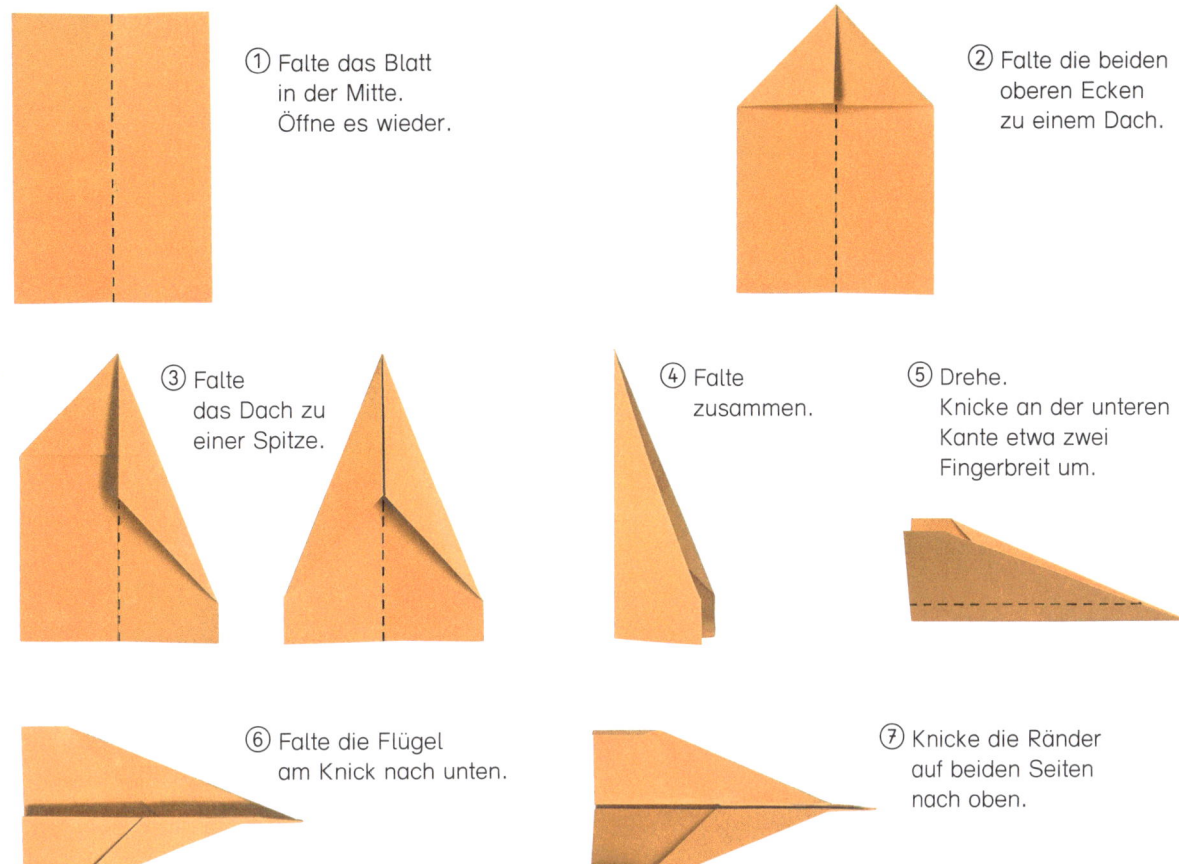

① Falte das Blatt in der Mitte. Öffne es wieder.

② Falte die beiden oberen Ecken zu einem Dach.

③ Falte das Dach zu einer Spitze.

④ Falte zusammen.

⑤ Drehe. Knicke an der unteren Kante etwa zwei Fingerbreit um.

⑥ Falte die Flügel am Knick nach unten.

⑦ Knicke die Ränder auf beiden Seiten nach oben.

Teste deinen Flieger. Wie weit fliegt er?

b) Betrachte die Faltanleitung noch einmal ganz genau. Falte dann aus dem Gedächtnis nach.

c) Beschreibt, was für euch schwierig war.

2 Welche Flugzeuge und Schiffe könnt ihr falten? Beschreibt.

📖 Wortspeicher

Körpermaße

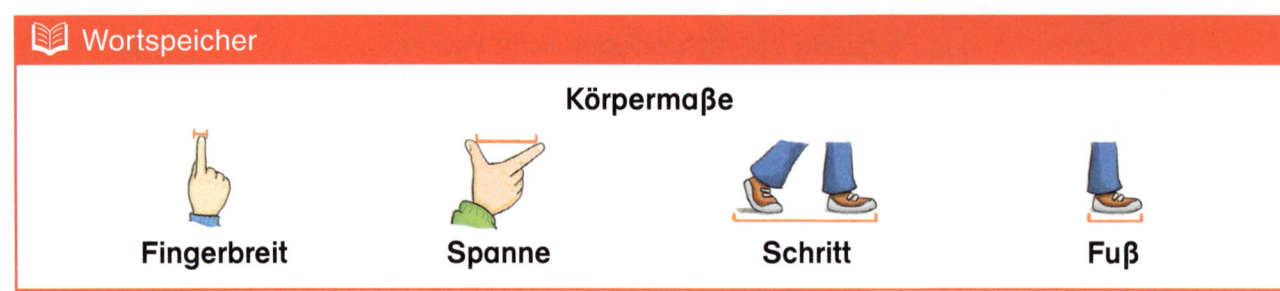

Fingerbreit   Spanne   Schritt   Fuß

1 Baut Flieger und lasst sie von einer Linie aus starten. Vergleicht, welcher Flieger weiter fliegt. Schreibt Sätze dazu.

> Der Flieger von Tom ist weiter geflogen
> als der Flieger von Ben.
> Der Flieger von

2 Messt die zurückgelegten Strecken der Flieger mit Körpermaßen. Tragt die Ergebnisse in eine Tabelle ein. Überlegt, welche Körpermaße geeignet sind. Vergleicht.

Name	Entfernung
Ben	1 5 Fuß

3 Messt die zurückgelegten Strecken der Flieger mit Gegenständen. Welche Gegenstände sind geeignet?

? 4 Kann das stimmen?

a) Der Flur ist neun Spannen lang.

b) Das Heft ist fünf Fingerbreit hoch.

c) Das Mathebuch ist einen Fuß breit.

d) Die Schultasche ist einen Schritt breit.

e) Der Bleistift ist sieben Fingerbreit lang.

f) Das Klassenzimmer ist sechs Fuß breit.

g) Der Tisch ist drei Spannen breit.

h) Die Brotdose ist sieben Schritte lang.

i) Der Tisch ist zwei Schritte lang.

j) Die Klassenzimmertür ist zwei Fuß breit.

Wortspeicher nutzen. Körpermaße besprechen.
3 Verschiedene Vergleichsgrößen wählen.
4 Sieben Aussagen stimmen nicht.

1 Wie lang ist das Klassenzimmer? Vergleicht und besprecht.

a)

| Klassenzimmer |
| Länge: 25 Schritte |
| Tim |

| Klassenzimmer |
| Länge: 20 Schritte |
| Lena |

| Klassenzimmer |
| Länge: 11 m |
| Arif |

Die Schrittlänge ist bei jedem anders,
aber ein Meter ist immer gleich lang.

b) Messt euer
   Klassenzimmer.

📖 **Wortspeicher**

1 Meter
1 m

2 Schritte
ungefähr
1 m

2 Stellt Meterstäbe oder Meterbänder her. Findet Gegenstände, die genau 1 m lang sind, die kürzer als 1 m und die länger als 1 m sind.

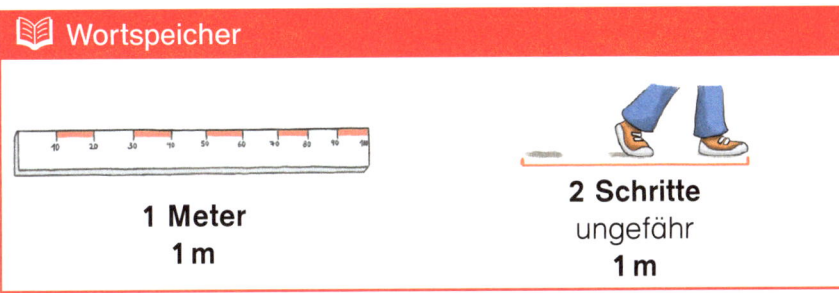

kürzer als 1 m: Schere, Drucker,
genau 1 m:
länger als 1 m:

3 Messt mit den Meterstäben oder Meterbändern.
Schätzt zuerst. Notiert in einer Tabelle.

a) Klassenzimmer   b) Tisch
c) Tür   d) Tafel
e) Flur   f) andere Gegenstände

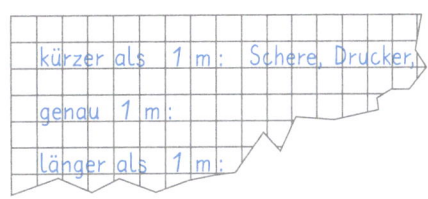

	geschätzt	gemessen
Klassenzimmer		
Länge		1 0 m
Breite		

? 4 Kann das stimmen?

a) Eine Tür ist 5 m breit.

b) Der Papierkorb ist niedriger als 1 m.

c) Das Schulgebäude ist 2 m hoch.

d) Das Klassenzimmer ist länger als 30 m.

e) Die Tafel ist 4 m breit.

f) Der Tisch ist 5 m lang.

Wortspeicher nutzen.
1 Thematisieren, dass ein Einheitsmaß notwendig ist. **3** Ungefähres Messen auf volle Meter.
4 Vier Aussagen stimmen nicht.

73

Wortspeicher

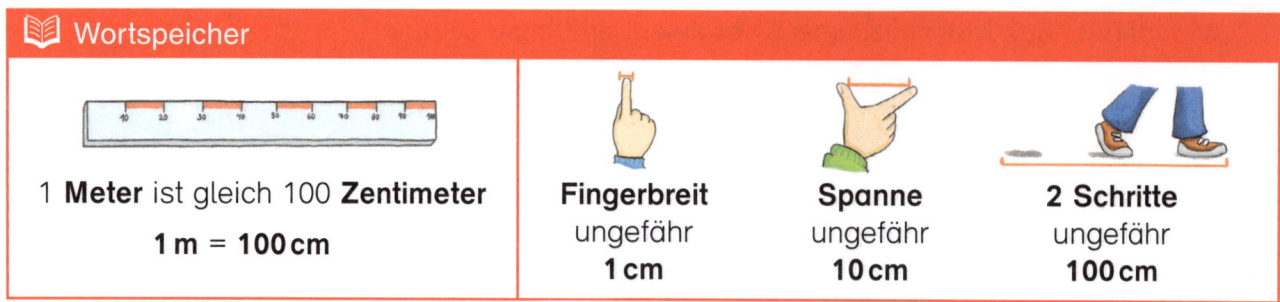

1 **Meter** ist gleich 100 **Zentimeter**

1 m = 100 cm

Fingerbreit
ungefähr
1 cm

Spanne
ungefähr
10 cm

2 Schritte
ungefähr
100 cm

1 Entscheide, wer richtig misst. Vergleicht und besprecht.

Tom

Mira

Sina

2 Messt verschiedene Gegenstände im Klassenzimmer.

Schätzt zuerst. Notiert in einer Tabelle.

a) Schere
b) Anspitzer
c) Büroklammer
d) Bleistift
e) Mathebuch
f) andere Gegenstände

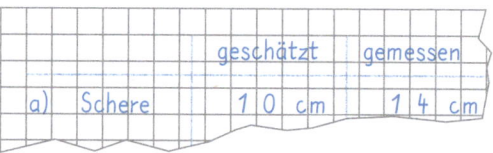

		geschätzt	gemessen
a)	Schere	10 cm	14 cm

3 Wie lang sind die Streifen? Schätze zuerst.

a)

b)   c)   d)

 e)   f)

	geschätzt	gemessen
a)		

4 Suche verschiedene Gegenstände in deiner Schultasche, die ungefähr

a) 1 cm,   b) 10 cm und   c) 30 cm lang sind.   Miss genau.

? 5 Kann das stimmen?

a) Eine Schere ist 1 cm lang.

b) Ein Bleistift ist 15 cm lang.

c) Ein Lineal ist länger als eine Schultasche.

d) Ein Fingerbreit ist ungefähr 1 m.

Wortspeicher nutzen. **1** Umgang mit dem Lineal thematisieren. **5** Drei Aussagen stimmen nicht.
In Katalogen oder im Internet Abmessungen von Gegenständen ermitteln.
Anschließend darüber sprechen.

Wie groß bin ich?

Du bist 1 m und 24 cm groß.

1 m

Wortspeicher

1 Meter und 24 Zentimeter
1 m 24 cm

1 a) Messt alle Kinder eurer Tischgruppe. Vergleicht.

Name	Größe
Anna	1 m 24 cm

b) Tragt die Ergebnisse für alle Kinder eurer Klasse zusammen.

2 Schätzt. Messt dann genau und schreibt in Meter und Zentimeter auf.

a) Breite eines Fensters
b) Breite einer Tür
c) Länge deines Fußes
d) Länge eines Schülertisches
e) Länge der Tafel
f) Breite eines Schranks
g) Messt weitere Gegenstände.

3 Ordne nach der Größe.

a)
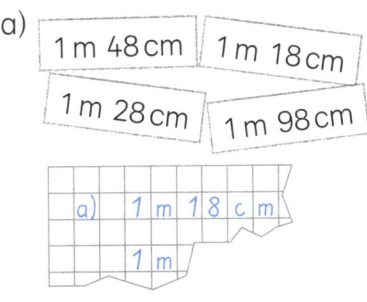
1 m 48 cm   1 m 18 cm
1 m 28 cm   1 m 98 cm

a)	1 m	1 8	c m
	1 m		

b)
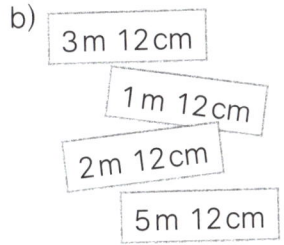
3 m 12 cm
1 m 12 cm
2 m 12 cm
5 m 12 cm

c)
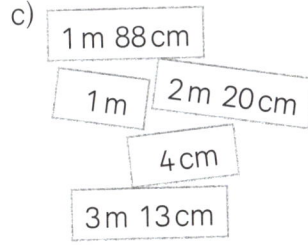
1 m 88 cm
1 m   2 m 20 cm
4 cm
3 m 13 cm

4 Wie groß sind die Kinder jeweils?

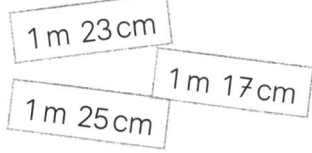
1 m 23 cm
1 m 17 cm
1 m 25 cm

Ich bin die Kleinste.
Ich bin größer als Anne.

Anne   Ali

Ich bin größer als Ali.

Marie

5 a) Paula ist 1 m 30 cm groß. Jonas ist 5 cm größer. Wie groß ist Jonas?

b) Max ist 9 cm größer als Lena. Lena ist 1 m 25 cm groß. Wie groß ist Max?

c) Mia ist 1 m 40 cm groß, Lena ist 1 m 25 cm. Wie viele Zentimeter größer ist Mia?

1 Zeichne Strecken.

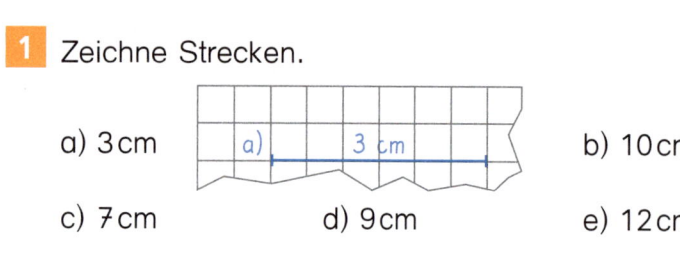

a) 3 cm

b) 10 cm

c) 7 cm

d) 9 cm

e) 12 cm

🐝 f) 2 cm

🐝 g) 5 cm

🐝 h) 4 cm

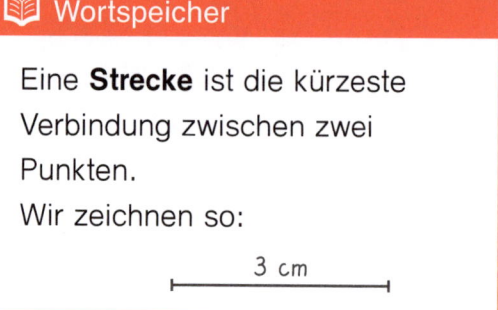

📖 Wortspeicher

Eine **Strecke** ist die kürzeste Verbindung zwischen zwei Punkten.

Wir zeichnen so:

3 cm

2 Schätze, welche Strecke länger und welche kürzer ist als 5 cm.
Miss dann genau und zeichne.

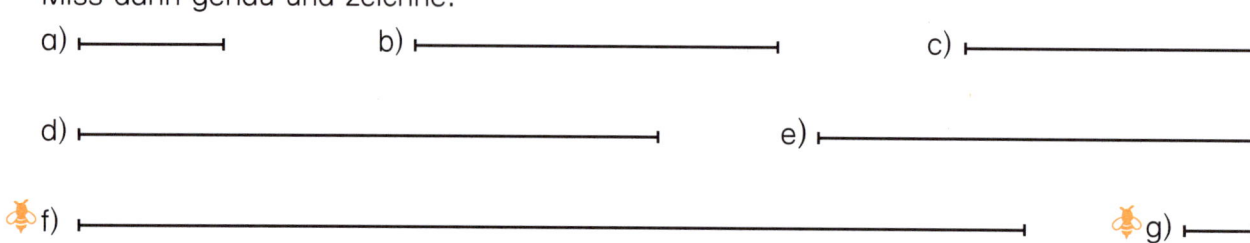

a)   b)   c)

d)   e)

🐝 f)   🐝 g)

3 Wie lang sind die Wege? Miss die einzelnen Teilstrecken und rechne.

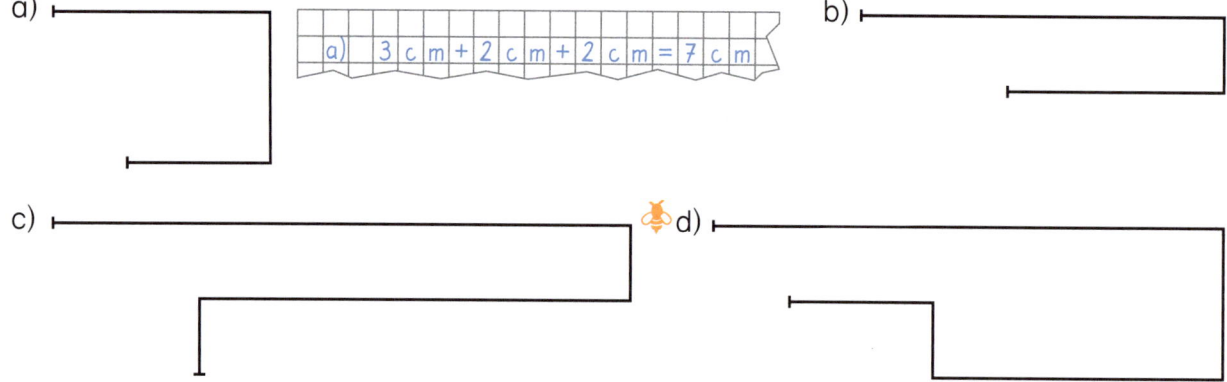

a)   b)

a) 3 cm + 2 cm + 2 cm = 7 cm

c)   🐝 d)

4 Welche Schnecke hat den kürzesten Weg zum Salat? Schätze zuerst.
Miss und rechne.

Beim Rechnen mit Meter und Zentimeter...

Wortspeicher nutzen.

Thematisieren, dass immer mit spitzem Bleistift und mithilfe eines Lineals gezeichnet wird.

1

a)
$1 \cdot 6 =$ ▢
$2 \cdot 6 =$ ▢
$10 \cdot 6 =$ ▢
$5 \cdot 6 =$ ▢

b)
$1 \cdot 8 =$ ▢
$2 \cdot 8 =$ ▢
$10 \cdot 8 =$ ▢
$5 \cdot 8 =$ ▢

c)
$1 \cdot 9 =$ ▢
$2 \cdot 9 =$ ▢
$10 \cdot 9 =$ ▢
$5 \cdot 9 =$ ▢

d)
$1 \cdot 7 =$ ▢
$2 \cdot 7 =$ ▢
$10 \cdot 7 =$ ▢
$5 \cdot 7 =$ ▢

2 Schreibe zu den Quadratzahlen die Quadrataufgaben.

a) 16 b) 64 c) 25 d) 36 e) 81 f) 49 g) 100

3
a) $4 \cdot 2$
$4 \cdot 4$

b) $5 \cdot 2$
$5 \cdot 4$

c) $6 \cdot 2$
$6 \cdot 4$

d) $3 \cdot 2$
$3 \cdot 4$

e) $7 \cdot 2$
$7 \cdot 4$

f) $9 \cdot 2$
$9 \cdot 4$

4
a) $3 \cdot 5$
$3 \cdot 10$

b) $6 \cdot 5$
$6 \cdot 10$

c) $8 \cdot 5$
$8 \cdot 10$

d) $9 \cdot 5$
$9 \cdot 10$

e) $4 \cdot 5$
$4 \cdot 10$

f) $7 \cdot 5$
$7 \cdot 10$

5
a) $40 =$ 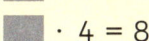 ▢ $\cdot 4$
$20 =$ ▢ $\cdot 4$

b) $25 =$ ▢ $\cdot 5$
$50 =$ ▢ $\cdot 5$

c) $12 =$ ▢ $\cdot 2$
$24 =$ ▢ $\cdot 4$

d) $15 =$ ▢ $\cdot 5$
$30 =$ ▢ $\cdot 10$

6
a) ▢ $\cdot 4 = 4$
▢ $\cdot 4 = 8$

b) ▢ $\cdot 2 = 0$
▢ $\cdot 2 = 2$

c) ▢ $\cdot 5 = 35$
▢ $\cdot 5 = 30$

d) ▢ $\cdot 10 = 100$
▢ $\cdot 10 = 10$

e) ▢ $\cdot 1 = 1$
▢ $\cdot 1 = 0$

f) ▢ $\cdot 4 = 32$
▢ $\cdot 4 = 36$

g) ▢ $\cdot 5 = 50$
▢ $\cdot 5 = 45$

h) ▢ $\cdot 4 = 0$
▢ $\cdot 4 = 40$

7 Welche Aufgaben passen nicht? Schreibe sie so, dass das Ergebnis stimmt.

a)
Ergebnis 16
$4 \cdot 4$
$2 \cdot 7$
$8 \cdot 2$

b)
Ergebnis 36
$9 \cdot 4$
$6 \cdot 9$
$6 \cdot 6$

c)
Ergebnis 8
$1 \cdot 8$
$2 \cdot 4$
$8 \cdot 0$

d)
Ergebnis 18
$2 \cdot 9$
$1 \cdot 6$
$9 \cdot 2$

8 Zeichne ab.

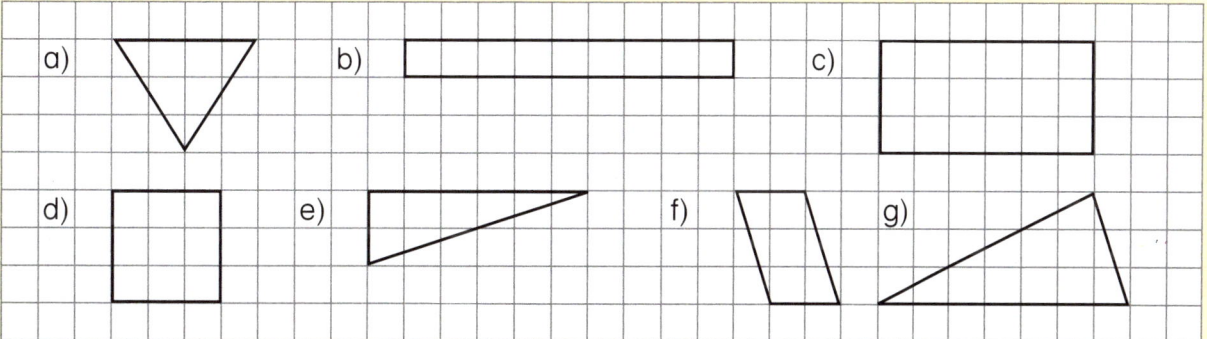

a) b) c) d) e) f) g)

77

1 a) Wie viele Tiere gibt es
auf dem Bauernhof?

b) Die Bäuerin möchte doppelt
so viele Hühner haben.

c) Wie viele Pferde und Schafe sind es
zusammen?

d) Die Bäuerin möchte dreimal
so viele Schweine wie Hunde haben.

e) Stellt euch Aufgaben zu den Tieren
auf dem Bauernhof und löst sie.

Tiere auf dem Bauernhof

10 Kühe	9 Hühner
7 Pferde	2 Hunde
9 Schafe	1 Katze
5 Enten	

2

Wir haben 80 Säcke
Pflanzenerde bestellt.
Die Firma hat 20 Säcke
zu wenig geliefert.

Begründet jeweils, welche Rechnung passt. Antwortet.

a) Wie viele Säcke Pflanzenerde wurden geliefert?

A 80 + 20 = ▮   **B** 8 · 2 = ▮   **C** 80 − 20 = ▮

b) Heute werden 15 Säcke verwendet.
Wie viele Säcke sind dann noch übrig?

A 60 + 15 = ▮   **B** 60 − 15 = ▮   **C** 80 − 15 = ▮

3

Begründet welche Antwort passt.
Der Bauer ist fünfmal mit dem vollen Anhänger gefahren.
Wie viele Säcke hat er transportiert?

A Der Bauer hat
13 Säcke
transportiert.

B Der Bauer hat
8 Säcke
geladen.

C Der Bauer hat
40 Säcke
transportiert.

4 Welche Skizze passt zur Rechengeschichte? Rechne und antworte.

a) In einem Gehege sind 3 Hühner
und 2 Kaninchen. Wie viele
Beine haben sie zusammen?

b) Der Bauer hat Hühner und Schweine. Es
sind 6 Tiere. Sie haben zusammen 16 Beine.
Wie viele Hühner und Schweine sind es?

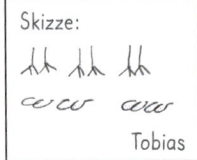

Skizze:

Tobias

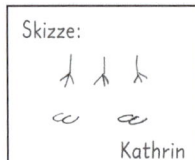

Skizze:

Kathrin

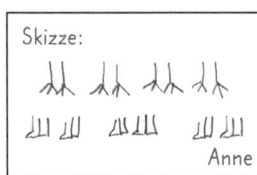

Skizze:

Anne

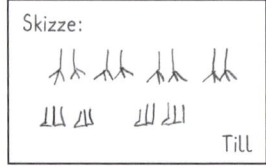

Skizze:

Till

5 Knobeln Ein Bauer hat Pferde und Gänse. Es sind 9 Tiere.
Sie haben zusammen 26 Beine. Wie viele Pferde und Gänse sind es?

6 Die Klasse 3a möchte den Rand ihres rechteckigen Kräuterbeets mit Brettern einrahmen.
Das Beet ist 4 m lang und 2 m breit.
Wie viele Bretter mit 2 m Länge brauchen sie?

> F: Wie viele 2 m-Bretter brauchen sie?
>
> Skizze: 4 m
>
>   2 m   2 Bretter

7 Wie viele Bretter von 2 m Länge werden jeweils gebraucht? Löse mit einer Skizze.
a) Das Salatbeet ist 8 m lang und 4 m breit.
b) Das Gemüsebeet der Klasse 3b ist 5 m lang und 3 m breit.

8 Zwischen Schweinestall und Kuhstall muss der Zaun erneuert werden. Der Zaun wird 20 m lang. Bauer Hofer schlägt alle 4 m einen Pfosten in die Erde.
Wie viele Pfosten braucht er?

Zeichne eine Skizze, rechne und antworte.

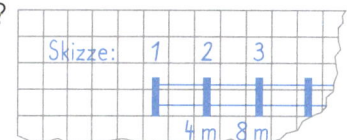

9 Löse die Aufgaben jeweils mit einer Skizze.
Bäuerin Huber baut einen 24 m langen Zaun. Wie viele Pfosten braucht sie jeweils?
a) Sie setzt die Pfosten in einem Abstand von 3 m.
b) Sie setzt die Pfosten in einem Abstand von 6 m.
c) Sie setzt die Pfosten in einem Abstand von 4 m.
d) Bei welchem Abstand braucht sie die meisten Pfosten, bei welchem die wenigsten?

10 Wer hat die Skizze jeweils richtig gezeichnet? Besprecht.
a) Das neue Gemüsebeet wird 9 m lang und 6 m breit. Wie viele Bretter von 3 m Länge werden gebraucht?

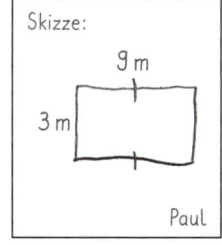

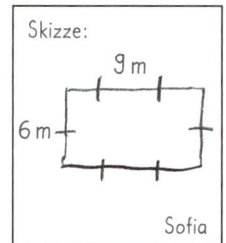

b) Vater baut einen 18 m langen Zaun. Er schlägt alle 3 m einen Pfosten in die Erde. Wie viele Pfosten braucht er?

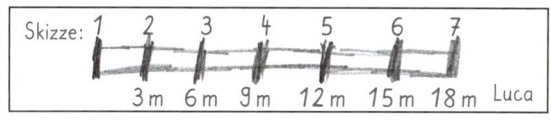

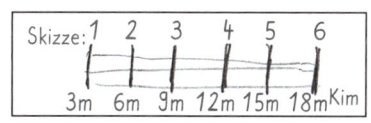

> Beim Lösen von Sachsituationen mithilfe von Skizzen...

Evtl. Bauernhof vor Ort besuchen.

1 Die Kinder bilden gleich große Gruppen.
Finde verschiedene Möglichkeiten. Vergleicht und besprecht.

📖 Wortspeicher

Teilen

18 : 6 = 3
18 **geteilt** durch 6 ist gleich 3.

2 Immer 12 Kinder. Teile auf.

a) in Sechsergruppen

b) in Vierergruppen

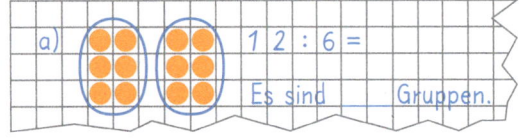

a) | 1 2 : 6 =
Es sind   Gruppen.

c) in Dreiergruppen

d) in Zweiergruppen

3 Immer 20 Kinder. Teile auf.

a) in Zehnergruppen

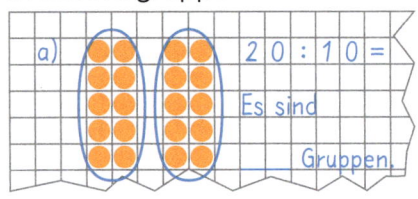

a) | 2 0 : 1 0 =
Es sind
Gruppen.

b) in Fünfergruppen
c) in Zweiergruppen
d) in Vierergruppen

AH 48

Wortspeicher nutzen.
Einführung des Dividierens in Aufteilsituationen. Handelnd und zeichnerisch lösen.
1 Verschiedene Gruppenbildungen besprechen.

4 Ben baut aus 15 Steckwürfeln gleichhohe Türme. Findet verschiedene Möglichkeiten und schreibt die passenden Geteiltaufgaben.

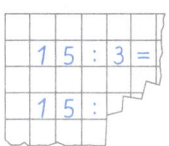

15 : 3 =
15 :

5

Baue aus 12 Steckwürfeln gleich hohe Türme.
a) Zweiertürme
b) Dreiertürme
c) Vierertürme

a) 12 : 2 =
b) 12 : 3 =

6

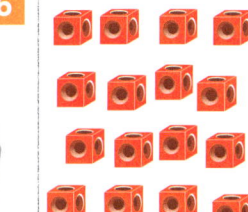

Baue aus 16 Steckwürfeln gleich hohe Türme.
a) Zweiertürme
b) Achtertürme
c) Vierertürme

7 Wie viele Fünfertürme kannst du jeweils bauen?

a) aus 10 Steckwürfeln
b) aus 25 Steckwürfeln
c) aus 30 Steckwürfeln
d) aus 20 Steckwürfeln

a) 10 : 5 =
b) 25 : 5 =

8 Wie viele Vierertürme kannst du jeweils bauen?

a) aus   4 Steckwürfeln
b) aus 28 Steckwürfeln
c) aus 12 Steckwürfeln
d) aus 24 Steckwürfeln

9 Forschen Baue aus 24 Steckwürfeln gleich hohe Türme. Welche Möglichkeiten findest du?

10
a) 34 + 7	b) 69 + 5	c) 24 + 6	d) 52 + 9	e) 66 + 5
26 + 9	74 + 8	38 + 8	65 + 6	83 + 8
45 + 5	13 + 8	47 + 5	17 + 9	27 + 6

◄   21   26   30   33   35   41   46   50   52   61   71   71   74   82   91

11
a) 32 − 6	b) 42 − 8	c) 46 − 9	d) 21 − 9	e) 92 − 4
25 − 7	34 − 7	83 − 5	36 − 7	81 − 5
71 − 5	68 − 8	91 − 3	49 − 7	65 − 5

◄   12   18   26   27   29   34   37   42   60   60   66   76   78   88   88

7 und **8** Evtl. mit Material legen.
9 Forscherheft nutzen.

AH 48

81

1 Anna verteilt 15 Karten gerecht an 3 Kinder.
Wie viele Karten bekommt jedes Kind?

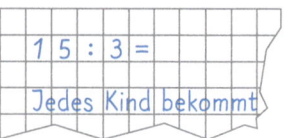

1	5	:	3	=			
Jedes	Kind	bekommt					

2 Verteile gerecht an die Kinder.

a)
Ich verteile 20 Karten.

b)
Ich verteile 24 Karten.

3 Vier Kinder spielen. Wie viele Karten bekommt jedes Kind?
Zeichne, wie du verteilst. Schreibe Rechnung und Antwort.

a) 12 Karten   b) 8 Karten   c) 20 Karten
d) 16 Karten   🐝 e) 40 Karten   🐝 f) 4 Karten

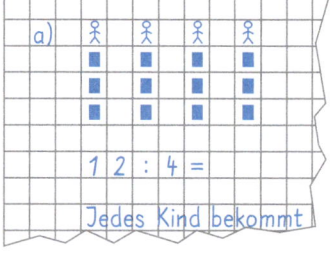

4 Wie viele Karten bekommt jedes Kind? Schreibe jeweils die passende Geteiltaufgabe.

a) Verteile 15 Karten an 5 Kinder.   b) Verteile 15 Karten an 3 Kinder.
c) Verteile 30 Karten an 5 Kinder.   d) Verteile 32 Karten an 4 Kinder.

5 Wie viele Karten bekommt jedes Kind?

a)   8 Karten an 2 Kinder   b) 16 Karten an 4 Kinder
    8 Karten an 4 Kinder   16 Karten an 2 Kinder

c) 20 Karten an   5 Kinder   d) 30 Karten an 3 Kinder
   20 Karten an 10 kinder   30 Karten an 6 kinder

Was fällt euch auf? Besprecht.

6 Schreibe Rechengeschichten.   Vergleicht eure Rechengeschichten.

a)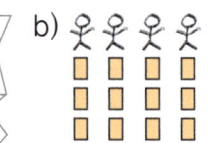

a) Ich verteile 6 Karten an 3 Kinder.
Ich rechne: 6 : 3 =

b)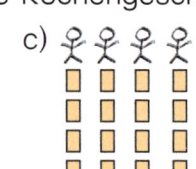

c)

d) Erfinde eigene Rechengeschichten zum Verteilen.

Dividieren in Verteilsituationen.
1 bis **5** Nachspielen. **6** d) Offene Aufgabe: Forscherheft nutzen.

7

a) 20 Kekse werden gleichmäßig verteilt.

Paul	Carina
Ich verteile 20 Kekse an 5 Kinder. Jedes Kind bekommt	Ich verteile 20 Kekse an 2 Kinder. Jedes Kind bekommt

b) Schreibe weitere Rechengeschichten mit 20 Keksen.

8 Verteile die Kekse gerecht. Welche Möglichkeiten findest du?

a)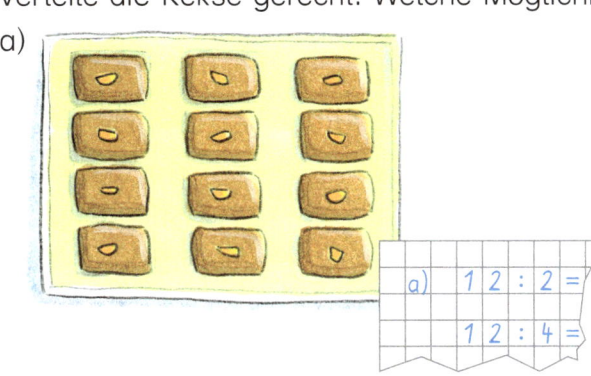

a) 12 : 2 =
   12 : 4 =

b)

c)

9 Wie kannst du die Kekse verteilen? Schreibe Rechnungen.

a)

a) 16 : 2 =
   16 : 4 =
   16 :

b) 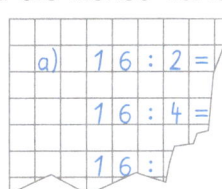 **18** Stück

c)  **24** Stück

d)  **15** Stück

10 Wie wurde verteilt? Schreibe die Rechnung.

a)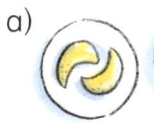

a) 6 : 3 =

b)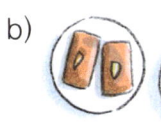

c)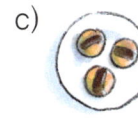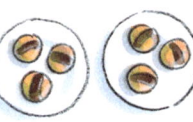

d)

e)

11
a) 10 : 2	b) 14 : 1	c) 5 : 5	d) 10 : 5	e) 10 : 10	f) 20 : 10
8 : 2	12 : 1	15 : 5	30 : 5	30 : 10	40 : 10
2 : 2	20 : 1	25 : 5	20 : 5	50 : 10	60 : 10

◄ 1 1 1 2 2 2 3 3 4 4 4 5 5 5 6 6 12 14 20

12 Setze die richtigen Rechenzeichen ein. + − · :

a) 16 ⬤ 2 = 8   b) 15 ⬤ 5 = 20   c) 30 ⬤ 3 = 10   d) 24 ⬤ 8 = 16
   16 ⬤ 8 = 8   15 ⬤ 5 = 3   30 ⬤ 3 = 90   24 ⬤ 8 = 32

Beim Teilen...

1 a)

12 : 3 = ■ , denn ■ · 3 = 12

Mit der Umkehraufgabe kann ich prüfen, ob ich richtig gerechnet habe.

b)

12 : 4 = ■ , denn ■ · 4 = 12

c)

8 : 4 = ■ , denn ■ · 4 = 8

2 a) 15 : 5 = ■ , denn ■ · 5 = 15
20 : 5 = ■ , denn ■ · 5 = 20
10 : 5 = ■ , denn ■ · 5 = 10

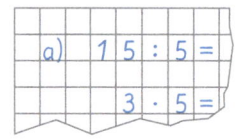
a) 1 5 : 5 =
3 · 5 =

b) 5 : 5 = ■ , denn ■ · 5 = 5
40 : 5 = ■ , denn ■ · 5 = 40
50 : 5 = ■ , denn ■ · 5 = 50

c) 30 : 5 = ■ , denn ■ · 5 = 30
25 : 5 = ■ , denn ■ · 5 = 25
45 : 5 = ■ , denn ■ · 5 = 45

🐬 d) 100 : 5 = ■ , denn ■ · 5 = 100
55 : 5 = ■ , denn ■ · 5 = 55
60 : 5 = ■ , denn ■ · 5 = 60

3 Rechne. Schreibe auch die Umkehraufgabe.

a) 5 · 7   b) 2 · 6   c) 5 · 3   d) 5 · 6   e) 1 · 4   🐬 f) 8 · 5

   10 · 2   5 · 2   10 · 6   4 · 4   10 · 1   7 · 7

   2 · 3   3 · 3   8 · 1   1 · 7   5 · 6   7 · 5

4 Knobeln Im Sportunterricht werden Dreiergruppen gebildet. Kein Kind bleibt übrig.

Danach werden Vierergruppen gebildet. Kein Kind bleibt übrig.

Bei den Fünfergruppen bleiben zwei Kinder übrig.

Wie viele Kinder sind es?

Wortspeicher nutzen.
Nutzen der Umkehraufgabe thematisieren.

Mal und geteilt – Aufgabenfamilien

1 **Forschen** Welche Malaufgaben und Geteiltaufgaben kannst du mit diesen drei Zahlen rechnen?

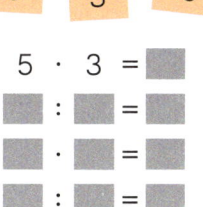

| 5 | 3 | 15 |

$5 \cdot 3 = \blacksquare$
$\blacksquare : \blacksquare = \blacksquare$
$\blacksquare \cdot \blacksquare = \blacksquare$
$\blacksquare : \blacksquare = \blacksquare$

Das sind Aufgabe, Tauschaufgabe und ihre Umkehraufgaben.

📖 Wortspeicher

die **Aufgabenfamilie**

| 5 | 20 | 4 |

$5 \cdot 4 = 20$
$20 : 4 = 5$
$4 \cdot 5 = 20$
$20 : 5 = 4$

2 Schreibe jeweils die Aufgabenfamilie.

a) 5   6   30   b) 10   3   30   c) 5   8   40   d) 8   1   8

e) 5   7   35   f) 2   9   18   🐝 g) 10   7   70   🐝 h) 5   9   45

3 Welche Aufgaben fehlen jeweils?
Schreibe die vollständigen Aufgabenfamilien in dein Heft.

a) Paul
$5 \cdot 6 = 30$
$6 \cdot 5 = 30$
$30 : 5 = 6$

b) Susi
$60 : 6 = 10$
$6 \cdot 10 = 60$
$60 : 10 = 6$

c) Johannes
$10 : 5 = 2$
$2 \cdot 5 = 10$

d) Pia
$2 \cdot 8 = 16$
$16 : 2 = 8$

4 **Forschen** Schreibt die Aufgabenfamilien. Vergleicht. Was fällt euch auf?

a) 6   6   36   b) 7   7   49   c) 8   8   64   d) 9   9   81

e) Findest du weitere solcher Aufgabenfamilien?

5 Schreibe jeweils die Aufgabenfamilie.

a) 3   4   ▦   b) 5   4   ▦   c) 7   4   ▦

d) 1   4   ▦   e) 6   4   ▦   f) ▦   ▦   ▦

Beim Malnehmen und Teilen…

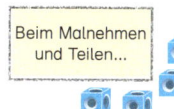

6 Sortiere der Größe nach.

a) 1 m 27 cm   1 m 20 cm
1 m 47 cm   1 m 72 cm

b) 4 m 14 cm   1 m 90 cm
4 m 40 cm   1 m 40 cm

c) 2 m 50 cm   5 m 20 cm
5 m 12 cm   52 cm

Wortspeicher nutzen.
1 und **4** Forscherheft nutzen.
5 f) Offene Aufgabe.

AH 51

85

1 Baue wie Paul aus 17 Steckwürfeln zuerst Dreiertürme, dann Vierertürme.
Vergleicht und besprecht.

Wortspeicher

Teilen mit **Rest**

2 bleiben als **Rest**

17 : 3 = 5   **R** 2

17 geteilt durch 3 ist gleich 5 Rest 2

2 Baue mit
13 Steckwürfeln
gleich hohe Türme.
a) Zweiertürme
b) Dreiertürme
c) Vierertürme

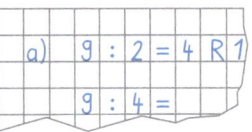

a)   1 3 : 2 = 6 R 1
b)   1 3 : 3 =

3 Baue mit
15 Steckwürfeln
gleich hohe Türme.
a) Zweiertürme
b) Vierertürme
c) Fünfertürme

4 Baue zunächst immer Zweiertürme, dann Vierertürme und dann Fünfertürme. Rechne.

a) aus   9 Steckwürfeln
c) aus 11 Steckwürfeln
e) aus 14 Steckwürfeln

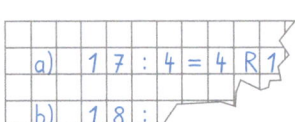

a)   9 : 2 = 4 R 1
    9 : 4 =

b) aus 19 Steckwürfeln
d) aus 10 Steckwürfeln
f) aus 16 Steckwürfeln

5 Wie viele Vierertürme kannst du
jeweils bauen?

a) aus 17 Steckwürfeln
b) aus 18 Steckwürfeln
c) aus 19 Steckwürfeln
d) aus 20 Steckwürfeln

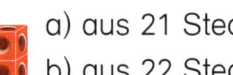

a)   1 7 : 4 = 4 R 1
b)   1 8 :

6 Wie viele Fünfertürme kannst du
jeweils bauen?

a) aus 21 Steckwürfeln
b) aus 22 Steckwürfeln
c) aus 23 Steckwürfeln
d) aus 24 Steckwürfeln

7 Schätze jeweils die Gesamtlänge. Miss dann genau und berechne.

Wortspeicher nutzen.
4 Diff.: Türme mit anderen Höhen bauen.

8 Was fällt euch auf? Erklärt und rechnet.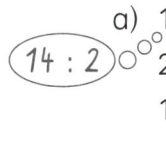

a)
```
 8 : 2
 9 : 2
10 : 2
11 : 2
12 : 2
13 : 2
```

b)
```
12 : 4
13 : 4
14 : 4
15 : 4
16 : 4
17 : 4
```

c)
```
 5 : 5
 6 : 5
 7 : 5
 8 : 5
 9 : 5
10 : 5
```

🐝 d)
```
15 : 5
16 : 5
17 : 5
18 : 5
19 : 5
20 : 5
```

🐝 e)
```
40 : 10
41 : 10
42 : 10
43 : 10
44 : 10
45 : 10
```

9 Es bleibt ein Rest. Wie rechnest du? 👥 Vergleicht eure Rechenwege.

a) 15 : 2
(14 : 2) 21 : 2
13 : 2
9 : 2

b) 14 : 4
(12 : 4) 9 : 4
22 : 4
41 : 4

c) 24 : 5
(20 : 5) 12 : 5
16 : 5
37 : 5

🐝 d) 82 : 10
(80 : 10) 43 : 10
59 : 10
32 : 10

🐝 e) 17 : 4
(16 : 4) 10 : 4
17 : 2
27 : 5

10 Rechne nur die Aufgaben, die einen Rest haben.

a) 13 : 2
15 : 5
20 : 10

b) 60 : 10
52 : 10
47 : 10

c) 32 : 5
19 : 4
10 : 2

d) 15 : 4
60 : 10
26 : 5

e) 18 : 5
25 : 5
45 : 5

11 Schau dir die Aufgaben an. Einige sind falsch gerechnet. Suche die Fehler. Besprecht.

a)
```
12 :  5 = 2 R 2
12 :  4 = 3 R 1
12 :  2 = 6
12 : 10 = 1 R 3
```

b)
```
18 : 2 = 9 R 1
14 : 5 = 2 R 4
17 : 5 = 3 R 3
15 : 4 = 3 R 3
```

c)
```
20 :  5 = 4 R 2
25 :  5 = 5
24 : 10 = 4 R 2
21 :  4 = 5 R 2
```

12 Schreibe Geteiltaufgaben

a) mit Rest 1,   b) mit Rest 2,   c) mit Rest 3.

Beim Teilen mit Rest...

13 a) 25 + 11
64 + 22

b) 71 + 16
21 + 38

c) 32 + 15
44 + 31

d) 32 + 27
35 + 23

e) 46 + 33
18 + 81

◄ 36   47   58   59   59   75   79   86   87   99

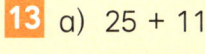

14 a) 35 − 11
67 − 17

b) 48 − 15
27 − 17

c) 95 − 13
87 − 24

d) 54 − 23
97 − 55

e) 99 − 69
89 − 71

◄ 10   18   24   30   31   33   42   50   63   82

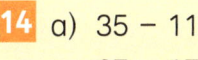

Evtl. mit Material legen.

1 a) Mal oder geteilt? Überlege, welche Rechenart passt. Vergleicht und besprecht.

A Die Lehrerin kauft 5 Packungen Stifte. In jeder Packung sind 6 Stück.

B Mein Buch hat 35 Seiten. Ich habe jeden Tag 5 Seiten gelesen.

C 28 Spielkarten werden an 4 Kinder verteilt.

D In der Aula sind 8 Stuhlreihen aufgestellt. In jeder Reihe stehen 8 Stühle.

E 8 Kinder nehmen am Luftballon-Tanz teil. Jedes Kind braucht dafür 2 Luftballons.

F In der Turnhalle stehen 4 Langbänke. Die 24 Kinder der Klasse verteilen sich gleichmäßig darauf.

b) Löse die Rechengeschichten. Schreibe Frage, Rechnung und Antwort.

2 Schreibe die Geschichten ab. Setze jeweils passende Zahlen ein. Rechne dann.

a) 18 Kinder bilden Sechsergruppen. Es gibt ▮ Gruppen.

b) Peter baut aus ▮ Steckwürfeln 6 Vierertürme.

c) ▮ Kinder stellen sich in 9 Zweierreihen auf.

d) Anne verteilt 27 Karten an 3 Kinder. Jedes Kind bekommt ▮ Karten.

e) Mara hat 32 Karten. Sie gibt jedem der 5 Kinder 6 Karten. ▮ Karten bleiben übrig.

f) 15 Kinder bilden ▮ Gruppen. In jeder Gruppe sind ▮ Kinder.

3 Welche Rechengeschichte passt jeweils zur Aufgabe? Rechne und antworte.

a) $5 \cdot 4 = $ ▮

A Im Klassenzimmer sitzen die Kinder an 5 Vierertischen. Wie viele Kinder sind in der Klasse?

B Beim Dosenwerfen stehen 5 Mädchen und 4 Jungen an. Wie viele Kinder wollen werfen?

b) $24 : 6 = $ ▮

A Die Lehrerin hat 24 Äpfel gekauft. 6 Kinder haben schon einen bekommen. Wie viele Äpfel sind noch übrig?

B Die Lehrerin kauft 24 Äpfel. In jeder Packung sind 6 Stück. Wie viele Packungen kauft sie?

c) $8 \cdot 2 = $ ▮

A Die Kinder basteln 8 große Blumen für die Fenster. 2 Blumen sind schon fertig. Wie viele Blumen müssen sie noch basteln?

B 8 Kinder basteln Blumen für die Fenster. Jedes Kind bastelt 2 Stück. Wie viele Blumen entstehen?

1 Die Kinder der Klasse 2a möchten vier Krüge Vitaminsaft zubereiten.
Wie viel von den Zutaten brauchen sie?

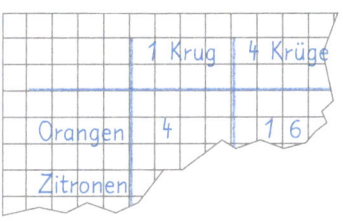

	1 Krug	4 Krüge
Orangen	4	1 6
Zitronen		

Vitaminsaft

für 1 Krug

Du brauchst:
4 Orangen
1 Zitrone
5 Birnen
2 Kiwis
2 Esslöffel Honig

Zubereitung:
Presse die Orangen und die Zitrone aus. Schneide die Birnen und die Kiwis in kleine Stücke. Püriere sie mit dem Mixstab. Gib den Saft zu dem Fruchtmus. Süße den Saft mit Honig.

Guten Appetit!

2 Die Klasse 2c möchte sechs Krüge Vitaminsaft zubereiten.

3 Die Klasse 2b bereitet Obstsalat zu.
Er soll für 24 Kinder reichen.

Rezept für vier Personen. Dann brauche ich für 24 Personen das ...

Obstsalat

für 4 Personen (für eine Schüssel)

Zutaten
4 Äpfel
2 Birnen
3 Orangen
1 Banane
2 Kiwis
(Erdbeeren, Weintrauben nach Belieben)

Zubereitung
Das Obst waschen, schälen, entkernen, in kleine Stücke schneiden und mit dem Saft einer halben Zitrone beträufeln. Einige Esslöffel Orangensaft zugeben. Vorsichtig mischen.

a) Stellt den Einkaufszettel zusammen.

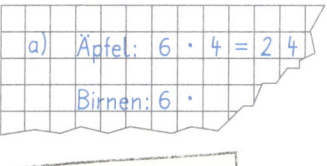

a)	Äpfel:	6 · 4 = 2 4
	Birnen:	6 ·

Einkaufen:
24 Äpfel
☐ Birnen

b) Die Kinder möchten auch für ihre Patenklasse Obstsalat zubereiten.
In dieser Klasse sind 28 Kinder.

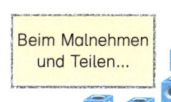
Beim Malnehmen und Teilen...

Fächerübergreifendes Projekt: Mengen für die eigene Klasse berechnen.
Einkaufen. Vitaminsaft und Obstsalat zubereiten.

89

1 Finde die Regel. Setze die Zahlenfolgen fort.

a) 24, 26, 28, 30, ... 38　　b) 53, 57, 61, 65, ... 81　　c) 32, 40, 48, 56, ... 88

d) 65, 60, 55, 50, ... 30　　e) 71, 62, 53, 44, ... 8　　f) 99, 96, 93, 90, ... 78

2
a) 63 + ▨ = 83　　b) 20 + ▨ = 72　　c) 64 − ▨ = 44　　d) 66 − ▨ = 40

　24 + ▨ = 64　　　40 + ▨ = 51　　　78 − ▨ = 58　　　43 − ▨ = 30

　48 + ▨ = 98　　　50 + ▨ = 87　　　96 − ▨ = 16　　　75 − ▨ = 50

3
a) 75 + ▨ = 96　　b) 12 + ▨ = 86　　c) 96 − ▨ = 44　　d) 85 − ▨ = 62

　23 + ▨ = 58　　　64 + ▨ = 98　　　87 − ▨ = 53　　　94 − ▨ = 13

　41 + ▨ = 69　　　34 + ▨ = 85　　　53 − ▨ = 21　　　48 − ▨ = 35

4 Wie kannst du bezahlen? Lege und zeichne jeweils zwei verschiedene Möglichkeiten.

a) 25 ct　　b) 80 ct　　c) 99 ct　　d) 32 €　　e) 59 €

5 Lege mit möglichst wenig Scheinen und Münzen. Zeichne.

a) 35 €　　b) 47 €　　c) 66 €　　d) 89 €　　e) 123 €

6 Schreibe jeweils die Aufgabenfamilie.

a) 5　8　40　　b) 8　16　2　　c) 4　36　9　　d) 1　7　7

7
a) 5 · 1　　b) 0 · 6　　c) 5 · 0　　d) 4 · 1　　e) 2 · 0　　f) 0 · 0

　1 · 7　　　8 · 1　　　1 · 10　　　1 · 9　　　0 · 7　　　1 · 1

8 Löse die Zahlenrätsel.

a) Wenn du zu meiner Zahl 25 dazurechnest, erhältst du 48.

b) Wenn du von meiner Zahl 12 wegnimmst, erhältst du 37.

c) Wenn du zu meiner Zahl 24 dazurechnest, erhältst du 56.

d) Wenn du zu meiner Zahl 51 dazurechnest, erhältst du 87.

e) Wenn du von meiner Zahl 44 wegnimmst, erhältst du 25.

f) Wenn du von meiner Zahl 36 wegnimmst, erhältst du 61.

1 Wie viel Geld ist es jeweils?

a)

Ich habe 3 € 60 ct.

a)	3	€	6	0	ct

b)

c)

d)

e)

f)

g)

2

Luisa	3 € 20 ct	Mia	5 € 56 ct
Paula	2 € 30 ct	Luca	32 ct
Kim	5 € 65 ct		

Luisa hat mehr Geld als Luca.

Paula hat weniger Geld als Mia.

a) Vergleicht die Geldbeträge von

   A Luisa und Mia   **B** Luisa und Paula

   C Luca und Paula   **D** Kim und Mia   b) Findet eigene Vergleiche.

3 Ordne die Geldbeträge nach ihrem Wert.

a)
- 3 € 40 ct
- 3 € 4 ct
- 3 € 34 ct
- 4 € 30 ct

a)	3	€		4	ct
	3	€	3	4	ct

b)
- 6 € 3 ct
- 6 € 13 ct
- 3 € 30 ct
- 3 € 13 ct

c)
- 6 € 26 ct
- 6 € 6 ct
- 5 € 26 ct
- 5 € 60 ct
- 6 € 50 ct

1 € = 100 ct

4 Wie viele Cent fehlen zu einem Euro?

a) 80 ct | a) | 8 | 0 | ct | + | 2 | 0 | ct | = | 1 | € |

b) 50 ct   c) 10 ct   d) 95 ct   e) 75 ct

f) 98 ct   g) 19 ct   h) 32 ct   i) 46 ct   j) 57 ct

🐝k) 63 ct   🐝l) 22 ct   🐝m) 35 ct   🐝n) 13 ct   🐝o) 91 ct

5 a) 3 € 95 ct + ▨ = 4 € | a) | 3 | € | 9 | 5 | ct | + | 5 | ct | = | 4 | € |

                                                 b) 19 € 50 ct + ▨ = 20 €

c) 1 € 30 ct + ▨ = 2 €   d) 13 € 10 ct + ▨ = 14 €

e) 59 € 20 ct + ▨ = 60 €   f) 44 € 75 ct + ▨ = 45 €   g) 37 € 25 ct + ▨ = 38 €

🐬 **6** a) 56 € 65 ct + ▨ = 60 €   b) 74 € 30 ct + ▨ = 80 €   c) 63 € 50 ct + ▨ = 70 €

      d) 27 € 92 ct + ▨ = 30 €   e) 41 € 55 ct + ▨ = 50 €   f) 81 € 80 ct + ▨ = 100 €

2 b) Diff.: Alle Vergleiche finden.
4 und 5 Evtl. mit Material legen.

AH 55   **91**

1 Was können die Kinder für ihr Geld kaufen?

a)
Peter

b)
Anna

c)
Ina

d)
Oleg

2 Beantworte die Fragen zum Bild. Vergleicht und besprecht eure Antworten.

a) Wie viel kosten fünf Bücher?

b) Reichen 10 € für das Puzzle und das Domino?

c) Was ist teurer, der Ball oder drei CDs?

d) Um wie viel ist ein Buch teurer als ein Kreisel?

e) Sucht weitere Fragen zum Bild.

3 Wie viel Geld fehlt noch? Besprecht.

a)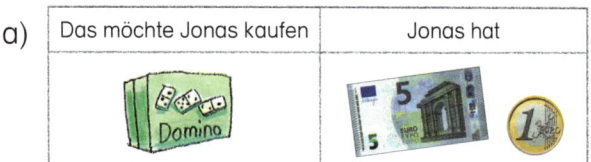

b)

c)

c)

Die Seiten 92 und 93 können zum jahrgangskombinierten Arbeiten verwendet werden
vgl. Denken und Rechnen Klasse 1 Seiten 92 und 93.

15 €

4 €

4 Wie löst du die Rechengeschichte?
Vergleicht und besprecht.

Peter hat 20 € dabei.
Er kauft den Ball und
ein Buch.
Wie viel Geld bleibt übrig?

Ich rechne zuerst aus,
wie viel er bezahlen muss.
Dann...

5 Schreibe jeweils eine passende Frage, Rechung und Antwort.

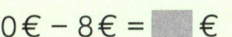

a) Lena kauft drei Bücher. Sie hat 20 €.

b) Andi kauft eine DVD,
ein Puzzle und den
Tischtennis-Schläger.
Er hat 30 €.

c) Marie kauft das Puzzle und
das Kartenspiel. Sie hat 10 €.

6 Welche Rechengeschichte passt? Vergleicht eure Lösungen.

a) $4 \cdot 5\,€ = \boxed{}\,€$

A Felix kauft den
Tischtennis-Schläger
und ein Buch.

B Amelie hat 5 €.
Sie kauft das
rote Auto.

C Lisa kauft
vier Bücher.

b) $10\,€ - 8\,€ = \boxed{}\,€$

A Julia hat 10 €.
Von Oma bekommt
sie noch 8 €.

B Tim hat 10 €.
Er kauft das
Domino-Spiel.

C Anton kauft das
Memo-Spiel und
ein Kartenspiel.

c) $7\,€ + \boxed{}\,€ = 15\,€$

A Leoni kauft
den Fußball und
das Halma-Spiel.

B Alina hat 7 €.
Sie will das
Halma-Spiel kaufen.

C Leon hat 15 €.
Er kauft den Fußball
und eine CD.

7 Erfinde zu den Antwortsätzen passende Rechengeschichten. Vergleicht.

a) Lilly muss 10 € bezahlen.

b) Emre bekommt 3 € zurück.

8 Schreibe Rechengeschichten zu den Aufgaben.
a) $2 \cdot 6\,€$
b) $35\,€ - 15\,€ - 7\,€$

? 9 Kann das stimmen? a) Marie kauft vier verschiedene Dinge für genau 10 €.

b) Luca bezahlt das Halma-Spiel mit einem Schein und vier Münzen.

Beim Rechnen
mit
Euro und Cent...

9 Eine Aussage stimmt nicht.

1 Wie groß ist der Unterschied? Wie rechnest du? Vergleicht und besprecht.

Lars hat
25 Steckwürfel.

Rica hat
33 Steckwürfel.

| 2 | 5 | + | | = | 3 | 3 |
| 3 | 3 | - | | = | 2 | 5 |

Wie viele weniger?

Wie viele mehr?

Der Unterschied ist ▢ .

2 Berechne den Unterschied auf deinem Weg.

a)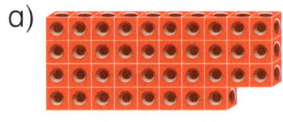

c)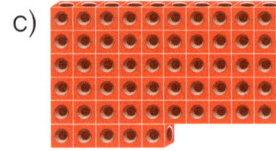

Vergleicht eure Rechenwege.

b)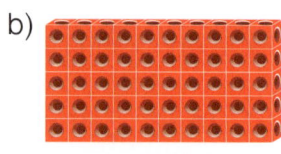

d)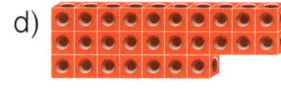

3 Berechne den Unterschied.

a) 43 / 63 — 19 / 25

b) 100 / 80 — 47 / 90

c) 15 / 22 — 53 / 30

d) 56 / 64 — 20 / 72

e) 14 / 44 — 20 / 83

4 Finde immer zwei Zahlenpaare mit dem Unterschied.

a) 2   a) 13, 15

b) 10

c) 5

d) 20

e) 9

f) ▢

5 Berechne die Altersunterschiede. Schreibe Vergleiche auf.

Ich bin 42 Jahre alt.

Ich bin 39 Jahre alt.

Ich bin 72 Jahre alt.

Papa ist 3 Jahre älter als
Opa ist
Mama ist

Ich bin 9 Jahre alt.

Maria

Ich bin 13 Jahre alt.

Tim

🔍 **6** Forschen

Schreibe Vergleiche für deine Familie auf.

94

4 f) Offene Aufgabe.
6 Forscherheft nutzen.

1 Wie rechnest du? Vergleicht und besprecht.

Tobias hat 24 € gespart.
Wie viel Geld fehlt ihm noch?

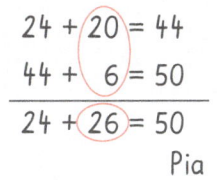

24 + ⟨20⟩ = 44
44 + 6 = 50
_____
24 + ⟨26⟩ = 50
Pia

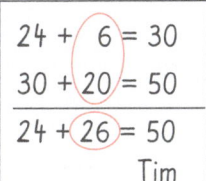

24 + 6 = 30
30 + ⟨20⟩ = 50
_____
24 + ⟨26⟩ = 50
Tim

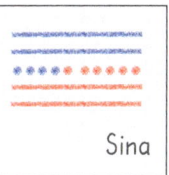

Sina

2 a)

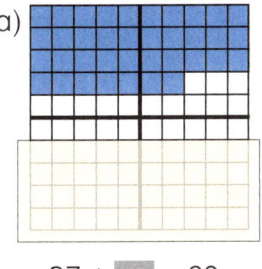

37 + ▢ = 60

b)

16 + ▢ = 70

c)

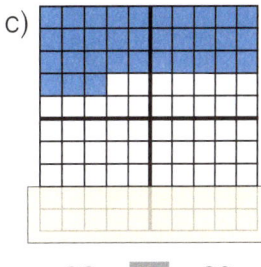

33 + ▢ = 80

d)

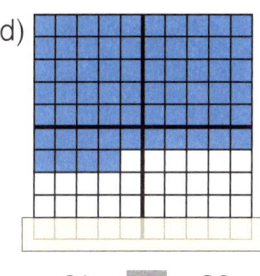

64 + ▢ = 90

e)

37 + ▢ = 60   *(e grid)*

f)

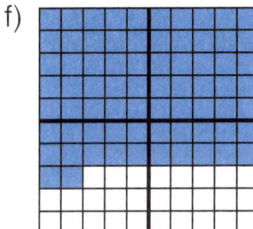

g)

h)

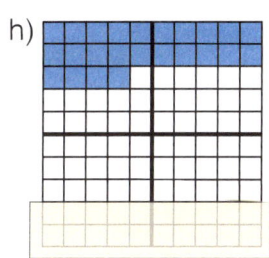

3 a)

20 + ▢ = 50
22 + ▢ = 50
24 + ▢ = 50
26 + ▢ = 50
▢ + ▢ = ▢

b)

37 + ▢ = 60
36 + ▢ = 60
35 + ▢ = 60
34 + ▢ = 60
▢ + ▢ = ▢

c)

25 + ▢ = 50
35 + ▢ = 60
45 + ▢ = 70
55 + ▢ = 80
▢ + ▢ = ▢

d)

70 + ▢ = 80
61 + ▢ = 70
52 + ▢ = 60
43 + ▢ = 50
▢ + ▢ = ▢

e)

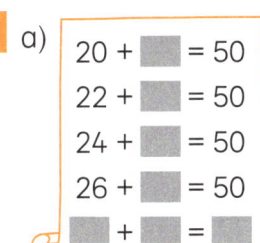

Welches Päckchen beschreibe ich?
Die erste Zahl wird immer um 10 größer.
Die zweite Zahl bleibt immer gleich.
Deshalb wird das Ergebnis
immer um ... .

f) Sucht andere
Päckchen aus.
Beschreibt sie euch
gegenseitig.

4  Knobeln Kombiniere: Von jeder Farbe eine Karte. Immer das gleiche Ergebnis.

a)

25	7	10
34	5	20	50
13	6	30

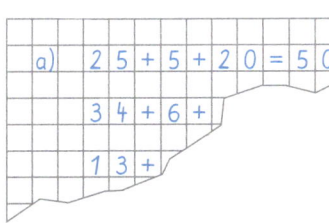

a) 2 5 + 5 + 2 0 = 5 0
3 4 + 6 +
1 3 +

b)

34	3	8
27	0	6	60
52	20	30

1 Diff.: Mit Steckwürfeln legen.
3 Diff.: Weitere starke Päckchen erfinden und notieren.

AH 58

95

1 Wie rechnest du?

Vergleicht und besprecht die Rechenwege.

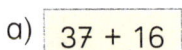
47 + 35

47 + 30 + 5 = 82
Lena

$40 + 30 = 70$
$7 + 5 = 12$
$47 + 35 = 82$
Tom

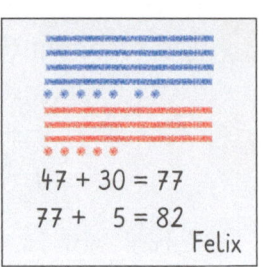
$47 + 30 = 77$
$77 + 5 = 82$
Felix

2 Rechne. Vergleicht eure Rechenwege.

a) 37 + 16   b) 56 + 38   c) 25 + 36   🐝 d) 65 + 27   🐝 e) 27 + 35

3 Rechne auf deinem Weg.

a) 26 + 15   b) 18 + 17   c) 47 + 27   d) 56 + 26   e) 47 + 44
37 + 26   67 + 25   26 + 46   48 + 35   57 + 36
62 + 19   72 + 19   14 + 57   39 + 56   75 + 17
48 + 34   35 + 38   66 + 26   77 + 17   63 + 28

35 41 63 71 72 73 74 81 82 82 83 91 91 91 92 92 92 93 94 95

4 a) 39 + 7   b) 18 + 6   c) 27 + 8   🐝 d) 43 + 48   🐬 e) 15 + 50
39 + 17   17 + 16   37 + 9   44 + 38   18 + 48
39 + 27   16 + 26   47 + 10   45 + 28   21 + 46
39 + ▨   15 + ▨   57 + ▨   46 + ▨   24 + ▨
▨ + ▨   ▨ + ▨   ▨ + ▨   ▨ + ▨   ▨ + ▨

f) 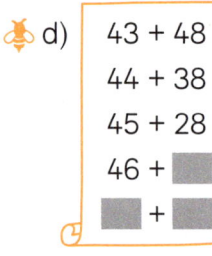 Welches Päckchen beschreibe ich?.
Die erste Zahl wird immer um 1 kleiner.
Die zweite Zahl wird immer um 10 größer.
Deshalb wird das Ergebnis immer um ... .

g) Sucht andere Päckchen aus. Beschreibt sie euch gegenseitig.

5 Finde zu jeder Regel eine Zahlenfolge. Wähle eine Startzahl.

a) immer + 15   b) immer + 24   c) immer + 19   d) immer + ▨

6 Nehmt neun Ziffernkarten mit den Ziffern 1 bis 9.

Zieht aus dem Stapel verdeckt vier Karten und bildet eine zweistellige Zahl.

Die beiden anderen Zahlen könnt ihr dazurechnen oder abziehen.

Das Ergebnis soll möglichst nah an der 50 liegen.

3 5 6 8

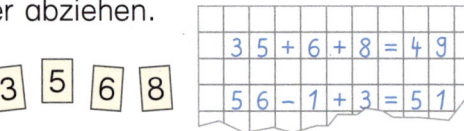
$35 + 6 + 8 = 49$
$56 - 1 + 3 = 51$

3 Evtl. mit Material legen.
4 Diff.: Weitere starke Päckchen erfinden und notieren.
5 d) Offene Aufgabe.

Plusaufgaben mit zweistelligen Zahlen mit Zehnerübergang

1 Wie rechnest du?

Vergleicht und besprecht die Rechenwege.

38 + 29

| 38 + 20 = 58 |
| 58 + 9 = 67 |
| Mia |

| 38 + 30 = 68 |
| 68 − 1 = 67 |
| Franzi |

| 38 + 2 = 40 |
| 40 + 27 = 67 |
| Emilia |

2  ○ (37 + 20 − 1)   ○ (54 + 40 − 2)

a) 37 + 19	b) 54 + 38	c) 56 + 29	d) 29 + 37	e) 13 + 59
54 + 19	37 + 38	74 + 18	38 + 49	72 + 19
46 + 19	26 + 38	48 + 28	59 + 27	25 + 68
25 + 19	43 + 38	57 + 28	28 + 38	14 + 57

◄ 44 56 64 65 66 66 71 72 73 75 76 81 85 85 86 87 91 92 92 93

3 Rechne.   Vergleicht eure Rechenwege.

a) 45 + 39	b) 26 + 59	c) 36 + 39	d) 56 + 39	e) 23 + 19
28 + 55	37 + 15	53 + 28	14 + 58	38 + 45
47 + 29	69 + 27	49 + 45	29 + 46	69 + 13
48 + 46	57 + 28	74 + 17	36 + 64	14 + 78

◄ 42 52 72 75 75 76 81 82 83 83 84 85 85 91 92 94 94 95 96 100

4 a) ▧ + 75 = 96 b) ▧ + 12 = 29 c) ▧ + 32 = 78 🐬 d) ▧ + 27 = 91
      ▧ + 62 = 89   ▧ + 43 = 66   ▧ + 87 = 99   ▧ + 58 = 75

5 Beschreibt und erklärt die Fehler der Kinder. Rechnet die Aufgaben richtig.
Besprecht auch eigene Fehler.

| 25 + 37 = 57 |
| 20 + 30 = 50 |
| 50 + 7 = 57 Marius |

| 58 + 23 = 90 |
| 58 + 30 = 88 |
| 88 + 2 = 90 Benedikt |

| 46 + 17 = 69 |
| 46 + 20 = 66 |
| 66 + 3 = 69 Franziska |

| 69 + 24 = 95 |
| 70 + 24 = 94 |
| 94 + 1 = 95 Melek |

6 Setze ein. > < =

a) 26 + 28 ● 60	b) 16 + 20 ● 40	c) 36 + 32 ● 75	d) 45 + 37 ● 83
28 + 29 ● 60	17 + 22 ● 40	46 + 40 ● 75	48 + 37 ● 83
30 + 30 ● 60	18 + 24 ● 40	56 + 38 ● 75	46 + 37 ● 83

7 Nehmt neun Ziffernkarten mit den Ziffern 1 bis 9.
Zieht aus dem Stapel verdeckt vier Karten und bildet daraus zwei zweistellige Zahlen.
Rechnet die beiden Zahlen zusammen.
Das Ergebnis soll möglichst nah an der 100 liegen.

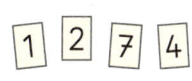 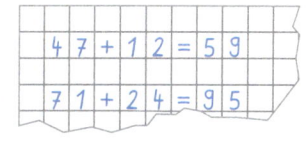

3 Evtl. mit Material legen.
6 Genau rechnen oder abschätzen.

AH 59

97

1 Wie rechnest du?

Vergleicht und besprecht die Rechenwege.

$$50 - 28$$

Dilan:
$$50 - 20 = 30$$
$$30 - 8 = 22$$

Mona:
$$50 - 30 = 20$$
$$20 + 2 = 22$$

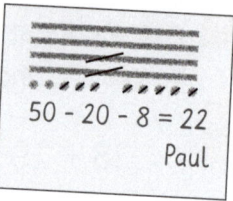

Paul:
$$50 - 20 - 8 = 22$$

2 Rechne. 👥 Vergleicht eure Rechenwege.

a) $50 - 29$ b) $70 - 27$ c) $100 - 83$ d) $60 - 32$ e) $90 - 58$

3

a)
$50 - 10$
$50 - 12$
$50 - 20$
$50 - 22$
⬛ – ⬛

b)
$80 - 30$
$80 - 35$
$80 - 40$
$80 - 45$
⬛ – ⬛

c)
$70 - 30$
$70 - 33$
$70 - 40$
$70 - 43$
⬛ – ⬛

d)
$90 - 50$
$90 - 52$
$90 - 54$
$90 - 56$
⬛ – ⬛

e)
$60 - 40$
$60 - 37$
$60 - 30$
$60 - 27$
⬛ – ⬛

f)

Welches Päckchen beschreibe ich?
Die erste Zahl bleibt immer gleich.
Die zweite Zahl wird abwechselnd
um 3 und um 7 größer.
Deshalb wird das Ergebnis abwechselnd
um 3 und um 7 kleiner.

👥 g) Sucht andere Päckchen aus. Beschreibt sie euch gegenseitig.

4

a)
$60 + 20$
$60 - 20$

$70 + 21$
$70 - 21$

$50 + 22$
$50 - 22$

b)
$20 + 16$
$20 - 16$

$30 + 17$
$30 - 17$

$40 + 18$
$40 - 18$

c)
$50 + 33$
$50 - 33$

$60 + 36$
$60 - 36$

$40 + 39$
$40 - 39$

d)
$70 - 25$
$70 + 25$

$30 - 27$
$30 + 27$

$40 - 29$
$40 + 29$

e)
$50 - 48$
$50 + 48$

$40 - 37$
$40 + 37$

$60 - 46$
$60 + 46$

◄ 1 2 3 3 4 11 13 14 17 22 24 28 36 40 45 47 49 57 58 69 72 77 79 80 83 91 95 96 98 106

5 Welche Bücher können die Klassen bestellen?

a) Klasse 2a erhält 50 €.

b) Klasse 2b darf Bücher für 40 € aussuchen.

🐬 c) Klasse 2c hat vom letzten Jahr nach 30 € und erhält weitere 45 €.

🐬 d) Die dritten Klassen dürfen Bücher für 100 € aussuchen.

3 Jeweils um mindestens vier Beispiele fortsetzen.
4 Ergebnisse der Aufgabenpaare vergleichen. 5 Offene Aufgabe.

1 Wie rechnest du?

Vergleicht und besprecht die Rechenwege.

63 – 37

63 – 7 – 30 = 26
Laura

63 – 30 = 33
33 – 7 = 26
Simon

63 – 7 = 56
56 – 30 = 26   Engin

2 Rechne.   Vergleicht eure Rechenwege.

a) 61 – 16   b) 74 – 47   c) 84 – 48   d) 95 – 59   e) 83 – 38

3
a) 34 – 16
52 – 35
84 – 27
65 – 46

b) 45 – 27
93 – 65
61 – 13
42 – 15

c) 82 – 46
53 – 24
96 – 77
41 – 27

d) 75 – 37
52 – 46
61 – 28
84 – 56

e) 43 – 15
67 – 48
37 – 19
74 – 36

◄ 6 14 17 18 18 18 19 19 19 27 28 28 28 29 33 36 38 38 48 57

4
a) 62 – 28
68 – 22

b) 83 – 56
86 – 53

c) 65 – 26
66 – 25

d) 43 – 17
47 – 13

f) 57 – 36
56 – 37

g) 55 – 34
54 – 35

h) 98 – 26
96 – 28

i) 78 – 35
75 – 38

j)  Ändert sich das Ergebnis auch, wenn du beim Plusrechnen die Einer vertauschst?

5 Beschreibt und erklärt die Fehler der Kinder. Rechnet die Aufgaben richtig.
Besprecht auch eigene Fehler.

51 – 28 = 37
50 – 20 = 30
 8 – 1 = 7
30 + 7 = 37   Marius

75 – 39 = 34
75 – 40 = 35
35 – 1 = 34
Benedikt

92 – 17 = 21
92 – 70 = 22
22 – 1 = 21
Franziska

43 – 26 = 11
40 – 20 = 20
20 – 6 = 14
14 – 3 = 11   Melek

6
a) Start 77
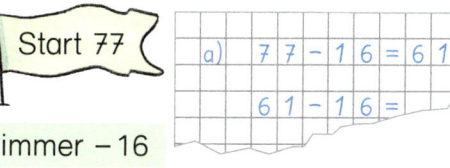
a) 7 7 – 1 6 = 6 1
6 1 – 1 6 =
immer – 16

b) Start 95
immer – 25

c) Start 89
immer – 18

d) Start 130
immer – 24

7 Kann das stimmen?

a) Das Doppelte von 37 ist größer als 50.

b) Die Hälfte von 96 ist größer als 50.

c) 75 ist größer als das Doppelte von 35.

d) 28 ist die Hälfte von 82.

e) Die Hälfte von 36 ist um 12 kleiner als 30.

Evtl. darüber sprechen, dass die Umkehraufgabe als Überprüfung des Ergebnisses einer
(Minus-)Aufgabe genutzt werden kann.
3 Evtl. mit Material legen. **7** Zwei Aussagen stimmen nicht.

AH 60   **99**

$7 + 6 = 13$

Wortspeicher

die **Zahlenmauer**

Zielzahl

Basiszahlen

1 a)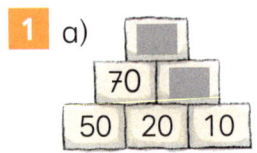

b)

c)

d)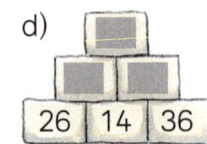

2 a)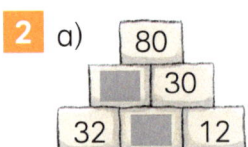

b)

c)

d)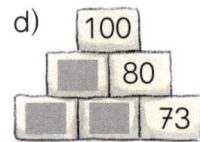

3 a) Rechnet. Erkennt ihr das Muster?

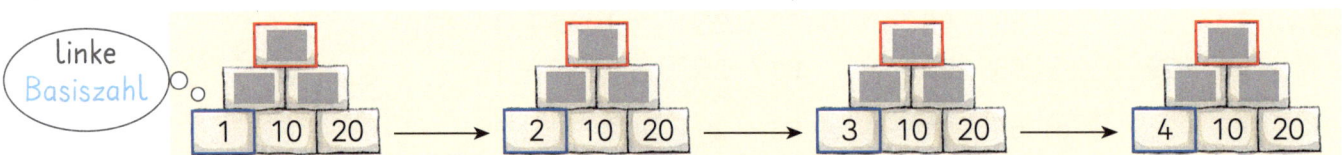

linke Basiszahl

b) Beschreibt, wie die Zahlenmauern sich verändern:

„Die linke **Basis**zahl wird immer um ☐ größer."

Die **Ziel**zahl wird immer um ☐ größer."

4

Emre beschreibt sein Muster so:

„Die **Basis**zahl in der Mitte wird immer um 1 größer.

Die anderen **Basis**zahlen bleiben gleich."

Setzt Emres Muster fort. Rechnet. Wie verändert sich die **Ziel**zahl?

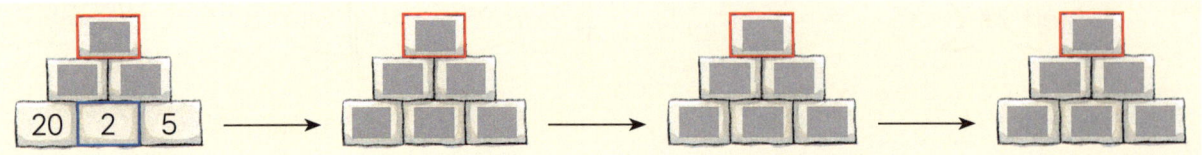

5 Forschen

a) Vertausche die drei Steine
in der unteren Reihe.
Mit welcher Anordnung erzielt ihr
die größte Zielzahl?

Es gibt noch mehr Möglichkeiten.

b) Probiere es
auch mit
anderen
Zahlen.

Wortspeicher nutzen.
3 und **4** Diff.: Begründung formulieren.
5 Die Veränderungen beschreiben. Insgesamt gibt es sechs Möglichkeiten. Forscherheft nutzen.

1 Zeigt an der Hundertertafel

a) die geraden Zahlen,

b) die ungeraden Zahlen,

c) die einstelligen Zahlen.

2 Benachbarte Zahlenpaare. Rechne plus.

a)
32
42

b)
30
40

c)
15
25

d)
17
27

e) | 38 | 39 |

f) | 44 | 45 |

g) | 13 | 14 |

h) | 26 | 27 |

27 40 44 53 70 74 77 89

3 Forschen Bildet mit benachbarten Zahlen Plusaufgaben. Die Ergebnisse verraten, ob die beiden Zahlen nebeneinander ☐☐ oder untereinander ☐ stehen. Erklärt.

Denke an die geraden und die ungeraden Zahlen.

4 Suche benachbarte Zahlenpaare zu den Ergebnissen von Plusaufgaben. Überlege erst, ob die Zahlen nebeneinander oder untereinander stehen.

a) 22

a) 6 + 1 6 = 2 2

b) 50 c) 99 d) 89 e) 16 f) 56 g) 95 h) 80

5 Bilde immer mit drei nebeneinander liegenden Zahlen Plusaufgaben.

a) Ergebnis 36

b) Ergebnis 39

c) Ergebnis 66

d) Ergebnis 96

6 Forschen a) Suche immer zwei Zahlen, die zusammen 100 ergeben.

 99 + 1 = 100

  98 + 2 = 100

 97 + ▉

b) Überlege und begründe, welche zwei Zahlen übrig bleiben.

7 Kann das stimmen?

a) Alle Zahlen in der Hundertertafel sind zweistellig.

b) Alle Zahlen in der Hundertertafel, die in einer Zeile stehen, haben denselben Zehner.

c) In der Hundertertafel gibt es gleich viele gerade wie ungerade Zahlen.

d) Manche Zahlen gibt es doppelt in der Hundertertafel.

e) Alle Zahlen, die in der Hundertertafel untereinander stehen, haben denselben Einer.

Beim Rechnen mit Zehnerübergang...

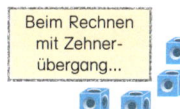

1 bis **5** Hundertertafel nutzen. **2** Diff.: Eigene Zahlenpaare bilden. AH 62 **101**

3 Begründen, warum die Summe zweier nebeneinander stehender Zahlen immer ungerade ist.

3 und **6** Forscherheft nutzen. **7** Drei Ausagen stimmen nicht.

1 Erzählt.

Wortspeicher

Jede **achsensymmetrische Figur** hat eine **Symmetrieachse**.

2 Welche Figuren sind achsensymmetrisch? Erklärt. Prüft mit dem Spiegel.

A   B   C   D

3 Falte ein Papier. Zeichne wie Paul die Hälfte eines Bildes. Starte und ende an der gefalteten Kante. Schneide aus. Klappe auf. Zeichne die Symmetrieachse ein.

4 Welche Figuren sind achsensymmetrisch? Prüfe mit dem Spiegel.

A   B   C   D

E   F   G   H

5 **Forschen** Forsche in deiner Umwelt nach achsensymmetrischen Bildern und Gegenständen.

6 Welcher Ausschnitt passt? Prüfe mit dem Spiegel.

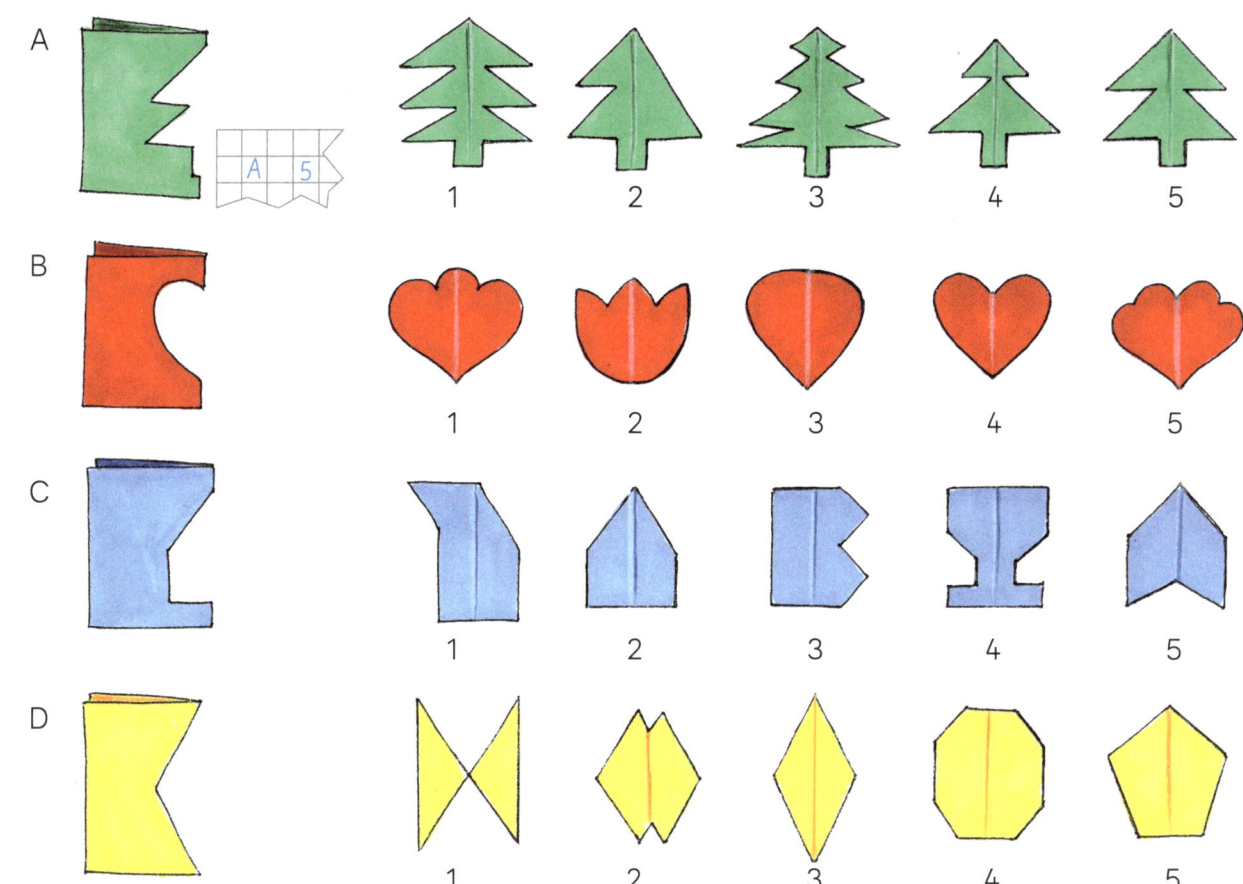

7 Knobeln Stelle einen Spiegel auf das erste Bild. Lass die anderen Bilder entstehen.

6 Selbst Faltschnitte herstellen.
7 Evtl. thematisieren, dass der Spiegel gedreht oder verschoben werden muss.
Evtl. symmetrische Gegenstände in der Umwelt suchen.

AH 64, 65 **103**

1 Beschreibt das Spiegelbild.

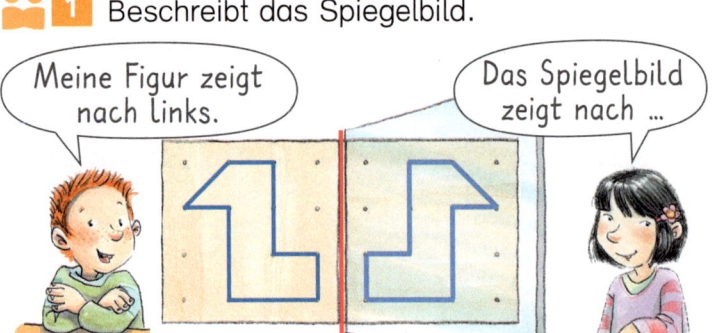

Meine Figur zeigt nach links.

Das Spiegelbild zeigt nach ...

2 Spannt die Figur und das Spiegelbild.
Worauf müsst ihr achten?

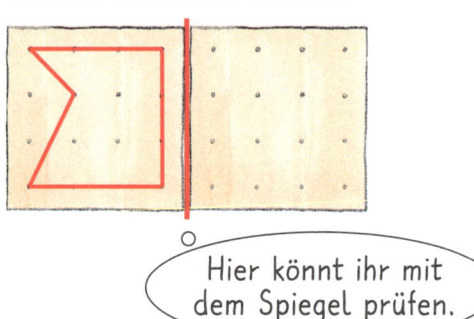

Hier könnt ihr mit dem Spiegel prüfen.

3 Spiegele von **links** nach **rechts**. Spanne. Prüfe mit dem Spiegel.

A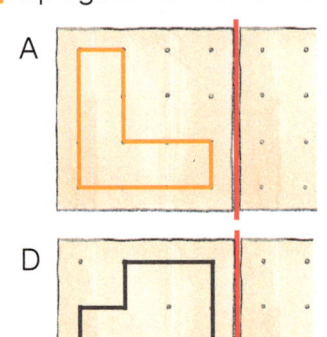

B

C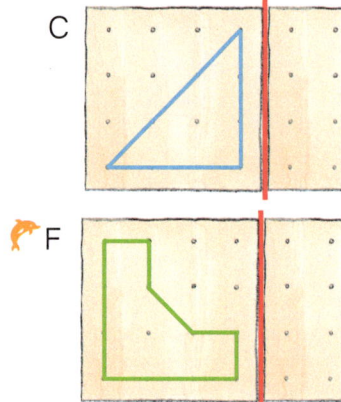

D

E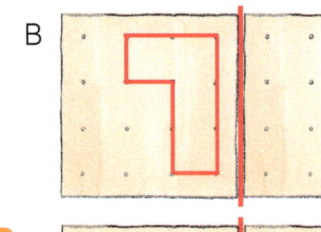

F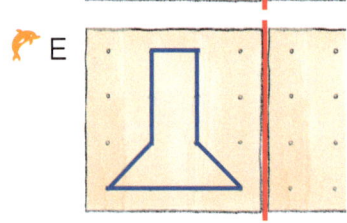

4 Spiegele von **rechts** nach **links**. Spanne. Prüfe mit dem Spiegel.

A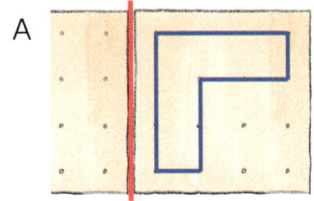

B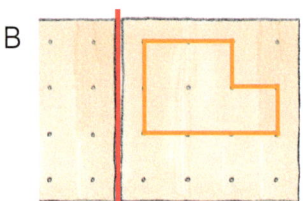

C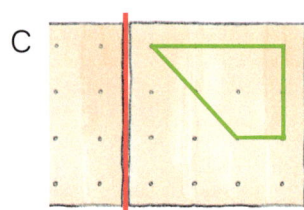

5 Kinder haben Figuren gespannt und gespiegelt. Entscheidet, ob richtig oder falsch.

A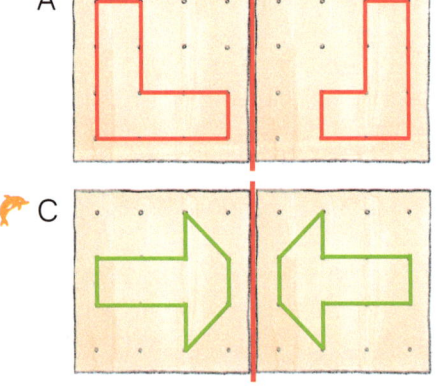

B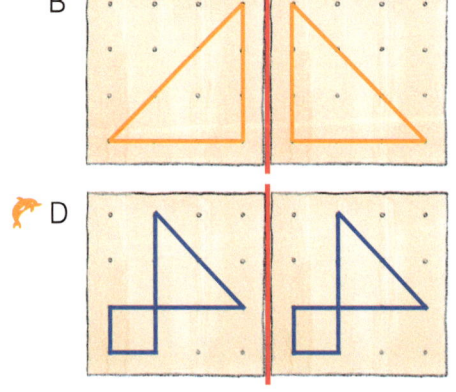

C

D

AH 65

Bei der Achsen- symmetrie...

2 bis 4 Evtl. zeichnen lassen.

1 Schätze, wie lang die Strecken sind. Miss dann genau und vergleiche.

a) ├──────┤   b) ├──────────────────────────┤

c) ├──────────────┤   d) ├────────────┤   e) ├────┤

2 Rechne nur die Aufgaben, bei denen ein Rest bleibt.

a) 15 : 2   b) 10 : 5   c) 14 : 4   d) 12 : 10   e) 20 : 4
   16 : 2   11 : 5   15 : 4   11 : 10   19 : 4
   17 : 2   12 : 5   16 : 4   10 : 10   18 : 4

3 Setze die richtigen Rechenzeichen ein.   (+) (–) (·) (:)

a) 4 ● 4 = 16   b) 5 ● 5 = 1   c) 12 ● 2 = 14   d) 15 ● 5 = 20
   4 ● 4 = 0   5 ● 5 = 25   12 ● 2 = 6   15 ● 5 = 10
   4 ● 4 = 1   5 ● 5 = 10   12 ● 2 = 24   15 ● 5 = 3
   4 ● 4 = 8   5 ● 5 = 0   12 ● 2 = 10   15 ● 5 = 75

4 Ordne die Geldbeträge nach ihrem Wert.

a)
4 € 50 ct
2 € 4 ct
2 € 34 ct
4 € 44 ct

b)
6 €
56 ct
6 € 40 ct
65 ct

c)
3 € 10 ct
10 € 30 ct
3 € 1 ct
10 € 3 ct

d)
8 € 45 ct
4 € 85 ct
4 € 58 ct
8 € 54 ct

5 Berechne den Unterschied.

a) 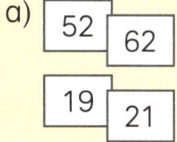   b) 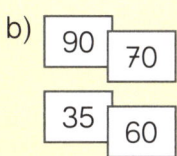   c) 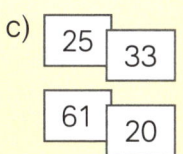   d) 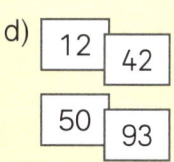   e)

a) 52 / 62 , 19 / 21   b) 90 / 70 , 35 / 60   c) 25 / 33 , 61 / 20   d) 12 / 42 , 50 / 93   e) 77 / 83 , 20 / 54

6 a) 34 + 18   b) 46 + 28   c) 75 + 19   d) 48 + 35
      25 + 16   57 + 27   37 + 48   76 + 19
      47 + 15   68 + 24   29 + 36   63 + 37

◄ 41   52   62   65   74   83   84   85   92   94   95   100

7 a) 81 – 45   b) 92 – 15   c) 35 – 17   d) 93 – 13
      46 – 18   85 – 37   72 – 33   65 – 48
      54 – 17   43 – 25   84 – 18   84 – 58

◄ 17   18   18   26   28   36   37   39   48   66   77   80

1 Diff.: Strecken ins Heft zeichnen.

1 Spannt die Figuren.
Wie viele Maßquadrate passen in jede Figur?
Vermutet und überprüft.

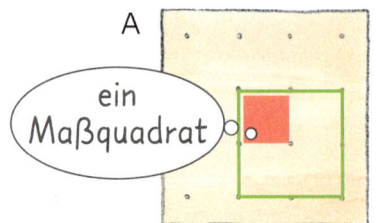
A

ein
Maßquadrat

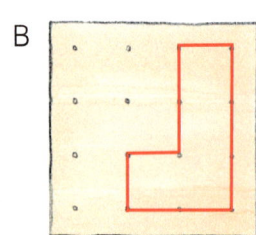
B

2 Aus wie vielen Maßquadraten besteht jeweils der Flächeninhalt?
Vergleicht, wie ihr vorgeht.

A   4   Maßquadrate

Je mehr
Maßquadrate ihr braucht,
desto größer...

3 Welche Flächeninhalte sind gleich groß? Vermute.
Spanne und überprüfe mit Maßquadraten.

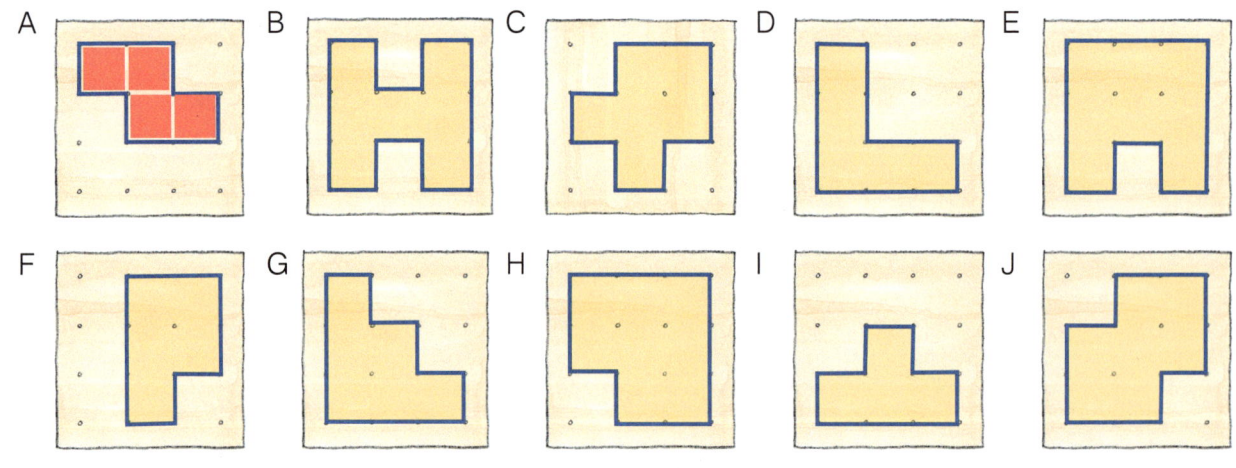

4 Spanne und zeichne verschiedene Flächen.

a) mit 5 Maßquadraten.
b) mit 4 Maßquadraten.
c) mit 6 Maßquadraten.
d) mit 9 Maßquadraten.

Wortspeicher nutzen. **1** bis **4** Evtl. Figuren mit Maßquadraten auslegen.
Die Seiten 106 und 107 können zum jahrgangskombinierten Arbeiten verwendet werden
vgl. Denken und Rechnen Klasse 1 Seiten 108 und 109.

1 Spannt die Figuren.

Legt entlang des Gummis Holzstäbe, die genau zwischen die Nägel passen.

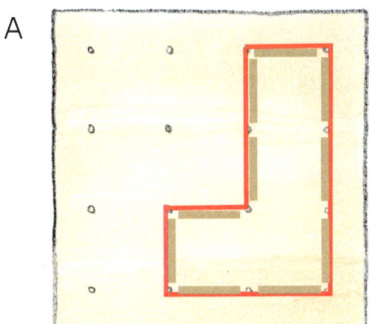

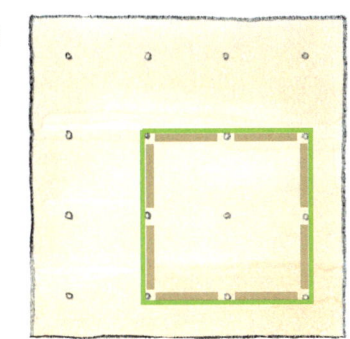

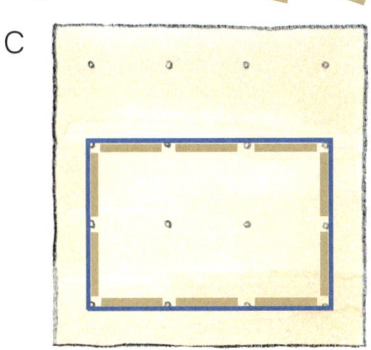

Zählt die Holzstäbe, vergleicht und notiert.

A 1 0 Holzstäbe

2 Wie viele Holzstäbe passen um jede Figur?

Spanne, lege die Holzstäbe und notiere.

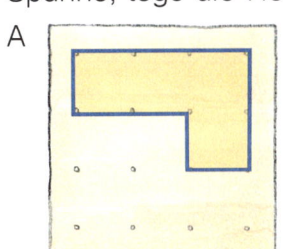

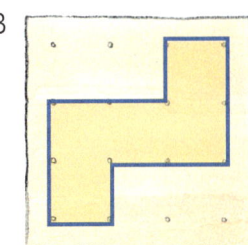

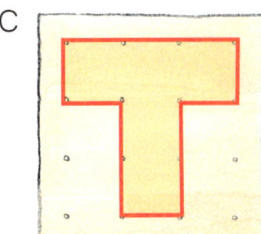

📖 Wortspeicher

der **Umfang**

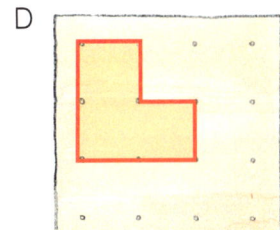

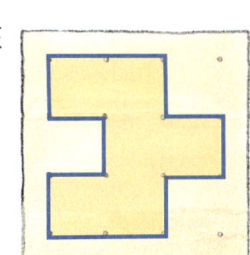

> Mit den Holzstäben kannst du den Umfang einer Figur feststellen. Je mehr Holzstäbe du brauchst, desto größer...

🪢 **3** Knobeln

a) Spanne eine Figur mit einem Flächeninhalt von 5 Maßquadraten. Wie groß ist der Umfang?

Suche weitere Figuren mit einem Flächeninhalt von 5 Maßquadraten. Verändert sich der Umfang?

b) Spanne eine Figur mit einem Umfang von 12 Holzstäben. Wie groß ist der Flächeninhalt?

Suche weitere Figuren mit einem Umfang von 12 Holzstäben. Verändert sich der Flächeninhalt?

c) Spanne eine Figur mit einem Flächeninhalt von 4 Maßquadraten und einem Umfang von 10 Holzstäben.

Gibt es mehrere Möglichkeiten?

Bei Flächeninhalt und Umfang...

Preise Höhenfreibad Hochberg

Einzelkarte
Erwachsene	4 €
Kinder	2 €

Zehnerkarte
Erwachsene	32 €
Kinder	17 €

Jahreskarte
Erwachsene	48 €
Kinder	25 €

1 Schreibe Frage, Rechnung und Antwort.  Vergleicht eure Lösungen.

a) Herr Schmidt kauft Jahreskarten für drei Kinder. Er bezahlt mit einem 100-€-Schein.

b) Frau Maurer kauft für sich eine Zehnerkarte und für ihre beiden Kinder Jahreskarten. Sie bezahlt mit einem 100-€-Schein.

c) Herr Lechner kauft eine Zehnerkarte für Erwachsene und zwei Zehnerkarten für Kinder. Er hat 80 € dabei.

2 Überlegt, antwortet und begründet.

a) Herr Konrad kauft zwei Jahreskarten für Erwachsene und zwei Jahreskarten für Kinder. Reichen 100 €?

> 100 Euro reichen nicht, denn die Karten für Erwachsene kosten...

Überlegt weiter.

b) Frau Bauer kauft eine Jahreskarte für Erwachsene und zwei für Kinder. Reichen 100 €?

c) Eine Klasse mit 24 Kindern geht ins Freibad. Reichen für den Eintritt zwei 10-€-Scheine?

3 Vergleiche die Eintrittspreise.

a) Wie viel kosten zehn Einzelkarten für Kinder? Wie viel spart man mit einer Zehnerkarte?

> Eine Zehnerkarte sind 10 Einzelkarten.

b) Vergleiche auch die Einzelkarten und Zehnerkarten für Erwachsene.

c) Erfinde weitere Aufgaben zum Freibad.

 4 **Knobeln** Finde den günstigsten Preis. Mia möchte zwölfmal ins Schwimmbad gehen.

> nur Einzelkarten?
> Jahreskarte?
> Zehnerkarte und Einzelkarten?

Die Seiten 108 und 109 können zum jahrgangskombinierten Arbeiten verwendet werden vgl. Denken und Rechnen Klasse 1 Seiten 112 und 113.
Preise des Lieblingsschwimmbads im Internet oder vor Ort recherchieren.

1 Annas Lieblingssorten sind
Erdbeere, **S**choko und **V**anille.
Sie möchte zwei Kugeln bestellen.

a) Welche Möglichkeiten hat sie?
Male oder schreibe.

b) Wie viele Möglichkeiten gibt es?
Sortiert und begründet.

Zuerst zeichne ich
alle Eistüten
mit Vanille, dann...

2 Sven mag die vier Sorten **E**rdbeere, **S**choko, **V**anille und **A**pfel gerne.
Sein Geld reicht aber nur für zwei Kugeln.
Finde alle Möglichkeiten.

3 Pia wählt aus den Sorten **E**rdbeere, **S**choko und **V**anille. Sie kauft drei Kugeln.

a) Finde alle Möglichkeiten.
b) Wie viele Möglichkeiten gibt es mit gleichen Eissorten?
c) Wie viele Möglichkeiten gibt es mit verschiedenen Eissorten?

4 Pia mag gerne **E**rdbeere, **S**choko, **V**anille, **B**laubeere und **A**pfel.
Sie möchte zwei Kugeln bestellen.
a) Finde alle Möglichkeiten.
b) Wie viele Möglichkeiten gibt es mit gleichen Eissorten?
c) Wie viele Möglichkeiten gibt es mit verschiedenen Eissorten?

5 Knobeln

Wem gehört welches Eis?
Tom isst nur Schoko. Mia mag keine Vanille.
Paul isst gerne Erdbeere, Schoko und Vanille.
Carina mag nur Erdbeere.

E   S   A   V

Die Reihenfolge der Eissorten wird nicht berücksichtigt und stellt keine weitere Möglichkeit da:
Erdbeere – Schoko ist gleich Schoko – Erdbeere.

AH 68

1 Lia, Ari und Ole setzen sich.
Welche Möglichkeiten gibt es?

Wir spielen die Aufgabe nach.

a) Spielt, malt oder schreibt.
b) Wie viele Möglichkeiten gibt es?
   Sortiert und begründet.

2 **Drei** Stühle sind frei. Ben und Lisa setzen sich.
Finde alle Möglichkeiten.

Ein Stuhl bleibt frei.

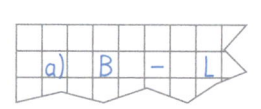

3 Ina, Ben, Emil und Rosi setzen sich auf **vier** Stühle.
a) Findet alle Möglichkeiten.
b) Sortiert und begründet.

4 Knobeln

Ben sitzt neben Ina. Emil sitzt zwischen Lisa und Ina. Ben ist acht Jahre alt. Rosi sitzt neben Lisa, aber nicht neben Emil. Rosi hat die Nummer 5.

Beim Kombinieren...

5 a) 16 + 57   b) 33 + 58   c) 32 − 26   d) 43 − 18   e) 93 − 54
      38 + 45   27 + 64   65 − 37   51 − 24   72 − 36
      62 + 29   75 + 18   78 − 59   86 − 47   57 − 26

110

1 Rot gewinnt.

Welches Säckchen würdest du wählen? Vergleicht und besprecht.

 A 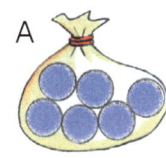 B 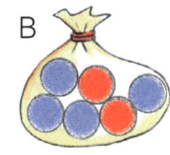 C 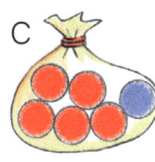 D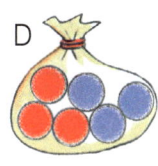

Ich habe eine große Gewinnchance, wenn es wahrscheinlich ist, dass ich gewinne.

Ich habe eine kleine Gewinnchance, wenn es unwahrscheinlich ist, dass ich gewinne.

2 Blau gewinnt.

A 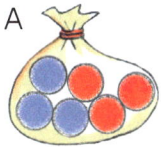 B 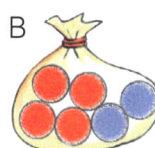 C 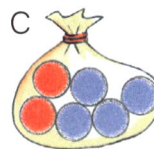 D 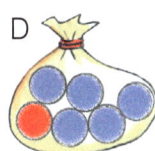 E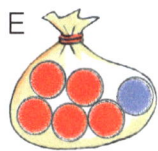

a) Bei welchem Säckchen ist die Gewinnchance am größten?

b) Bei welchem Säckchen ist die Gewinnchance am kleinsten?

c) Bei welchem Säckchen ist die Gewinnchance für beide Farben gleich?

d) Bei welchem Säckchen ist die Gewinnchance für Blau doppelt so groß wie für Rot?

Besprecht.

3 In jedem Säckchen sind sechs Kugeln. Zeichne sie und male sie mit Blau oder Gelb an.

a) Die Gewinnchance soll für Gelb größer sein.

b) Die Gewinnchance soll für Blau größer sein.

c) Die Gewinnchance soll für beide Farben gleich groß sein.

d) Die Gewinnchance soll für Gelb doppelt so groß sein, wie für Blau.

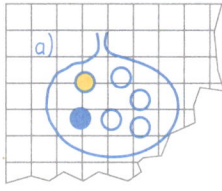

Vergleicht eure Lösungen.

4 a)

Wie viele rote Kugeln muss ich dazulegen, damit die Gewinnchance für beide Farben gleich groß sind?

b)

Wie viele rote Kugeln muss ich wegnehmen, damit die Gewinnchance für beide Farben gleich groß ist?

c)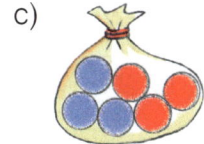

Wie viele rote Kugeln muss ich dazulegen, damit die Gewinnchance für Rot doppelt so groß ist?

Beim Einschätzen von Gewinnchancen...

Evtl. Wortspeicher von Seite 43 aufgreifen.

1 Evtl. die Begriffe sicher, (möglich), wahrscheinlich, unwahrscheinlich und unmöglich wiederholen.

AH 69

111

1

Wie spät ist es?

Wortspeicher

Minutenzeiger

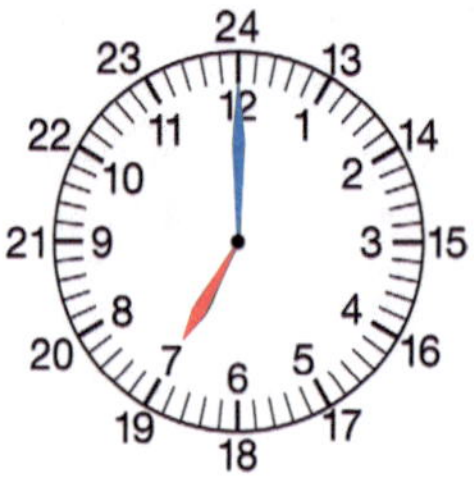

7 Uhr oder 19 Uhr

Stundenzeiger

1 Tag hat **24 Stunden** (**24 h**).

Wie spät ist es?

morgens: ▢ Uhr

abends: ▢ Uhr

2 Wie spät ist es? Schreibe beide Uhrzeiten auf.

a)

a) 8 Uhr
20 Uhr

b)

Der Tag beginnt um Mitternacht 00:00 Uhr.

c) 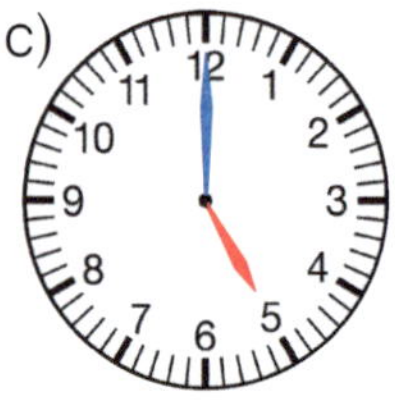   d) 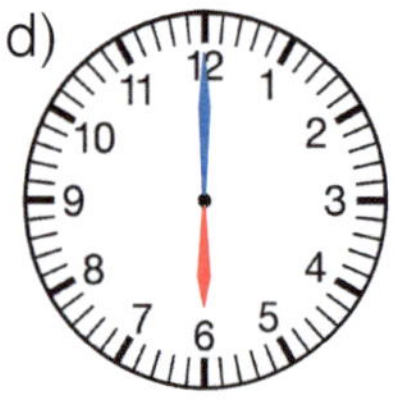   e)    f)

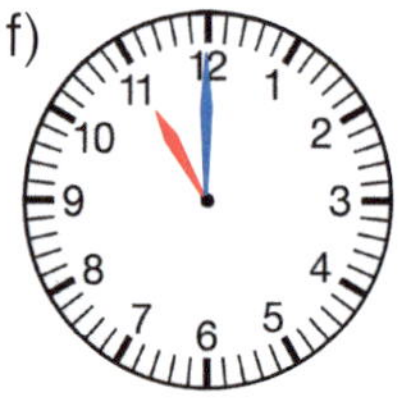

g)    h) 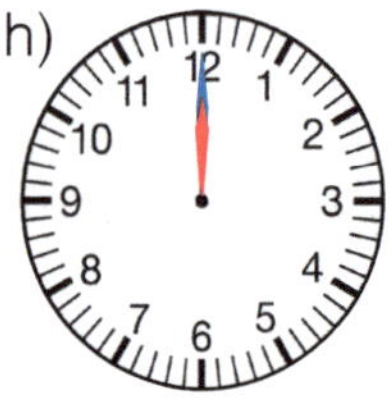   i)    j)    k)

3 Ordne zu.

a) 14 Uhr   b) 16 Uhr   c) 13 Uhr   d) 21 Uhr   e) 7 Uhr   f) 9 Uhr

a) 1 4 Uhr: Hausaufgaben machen

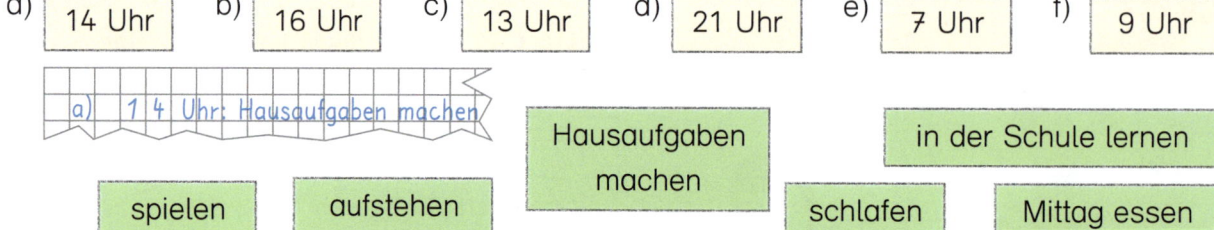

Hausaufgaben machen   in der Schule lernen

spielen   aufstehen   schlafen   Mittag essen

4 Schreibe deinen eigenen Tagesplan.

7 Uhr: aufstehen und frühstücken

8 Schulbeginn

Wortspeicher nutzen.
3 Tagesablauf und Tageszeiten besprechen und zuordnen.

1 Stunde hat **60 Minuten**.   Jeder Strich bedeutet 1 Minute.

1 h = 60 min

| 07:00 Uhr | 07:15 Uhr | 07:30 Uhr | 07:45 Uhr |
| 19:00 Uhr | 19:15 Uhr | 19:30 Uhr | 19:45 Uhr |

5 Wie spät ist es genau? Schreibe beide Möglichkeiten.

a)  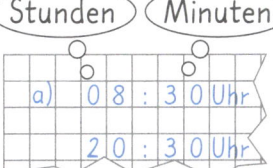 b)  c)  d)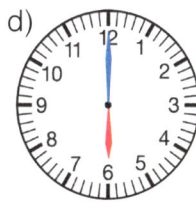

e)  f)  g) 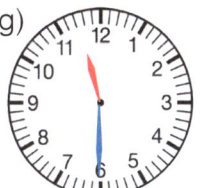 h)  i)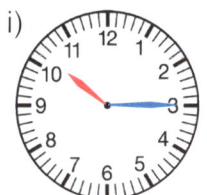

6 Wie spät ist es genau?

a)  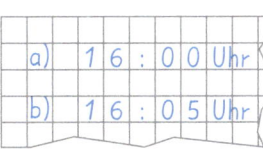 b) 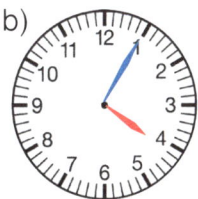 c) 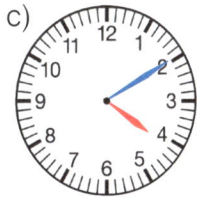 d)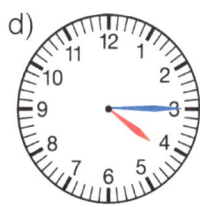

e)  f) 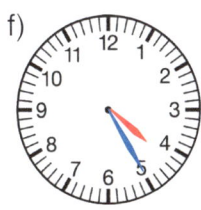 g)  h)  i) Setze fort bis 17:00 Uhr.

7 Wie spät ist es? Stelle die Zeiger auf deiner Lernuhr. Schreibe beide Uhrzeiten auf.

a) `08:15`   b) `05:50`   c) `10:40`   d) `12:30`   e) `13:45`

f) `16:10`   g) `18:05`   h) `20:55`   i) `21:20`   j) `00:15`

Wortspeicher nutzen. Regionalbedingte Sprechweisen thematisieren.
6 Fünf-Minuten-Takt besprechen.
Im Internet über verschiedene Uhren und über Zeitzonen recherchieren.

1 Was dauert länger, was kürzer? Findet viele Vergleiche.

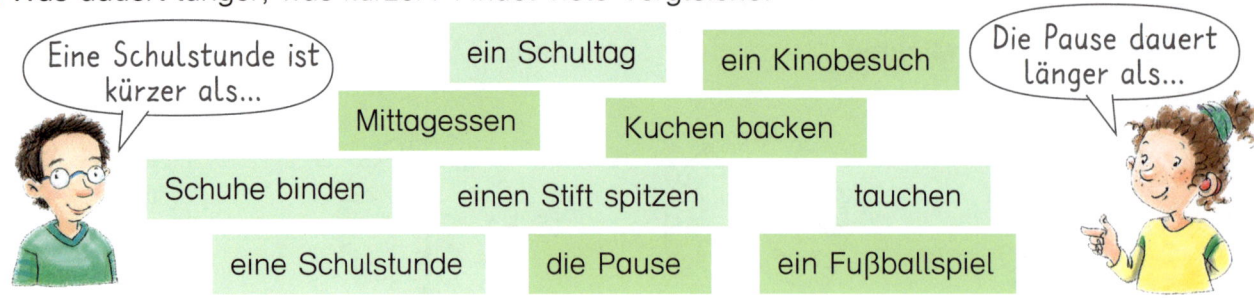

Eine Schulstunde ist kürzer als...

Die Pause dauert länger als...

ein Schultag • ein Kinobesuch • Mittagessen • Kuchen backen • Schuhe binden • einen Stift spitzen • tauchen • eine Schulstunde • die Pause • ein Fußballspiel

📖 **Wortspeicher**

Zeitpunkt 07:00 Uhr   **Zeitpunkt** 07:30 Uhr

Zeitspanne

15 min   30 min   45 min

Eine **Viertelstunde** hat **15 Minuten**.

Eine **halbe Stunde** hat **30 Minuten**.

Eine **Dreiviertelstunde** hat **45 Minuten**.

2 Wie viel Zeit ist jeweils vergangen? Berechne die Zeitspanne.

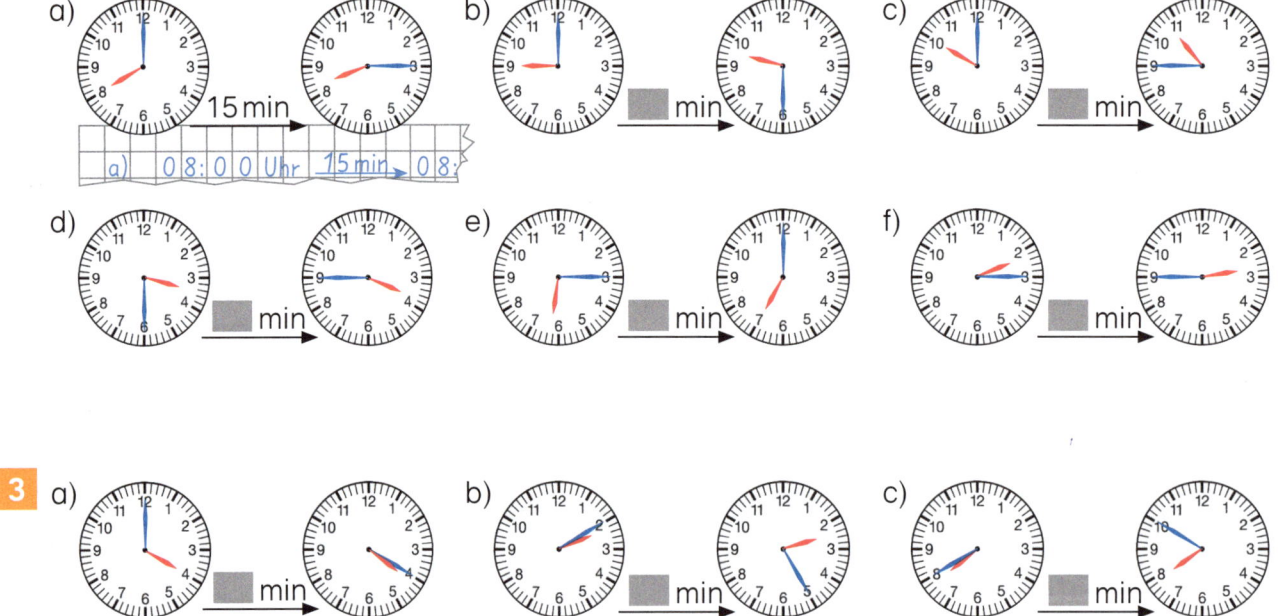

a) 15 min

a) 08:00 Uhr → 15 min → 08:

b) ☐ min   c) ☐ min

d) ☐ min   e) ☐ min   f) ☐ min

3 a) ☐ min   b) ☐ min   c) ☐ min

d) ☐ min   e) ☐ min   f) ☐ min

Wortspeicher nutzen.
1 Über Zeitspannen sprechen. Zeitdauern schätzen bzw. wissen.

1

Schönau 07:20
Albach 07:24
Baustelle
Großdorf 07:29
Kaldorf 07:32
Marfeld 07:36
Schule Landing 07:43
Obereich 07:39

Eltern-Information Busplan der Schule Landing	
Ort	
Schönau	ab 07:20 Uhr
Albach	ab 07:24 Uhr
Großdorf	ab 07:29 Uhr

a) Schreibe den Busplan fertig.

b) Wie viele Minuten braucht der Bus zwischen den einzelnen Haltestellen?

c) Wie viele Minuten braucht der Bus von Schönau nach Landing?

b) Schönau bis Albach: 4 min.
Albach bis Großdorf

2 a) Hannah ist um 07:25 Uhr an der Haltestelle in Großdorf. Wie viele Minuten muss sie auf den Bus warten?

b) Karla sitzt bis zur Schule 7 Minuten im Bus. Wo steigt sie ein?

c) Weil es stark regnet, fährt der Bus erst um 07:45 Uhr in Obereich ab. Wie viele Minuten Verspätung hat er?

d) Es ist 07:34 Uhr. Zwischen welchen zwei Orten fährt der Bus?

e) Wann fährt der Bus ungefähr an der Baustelle vorbei?

f) Erfinde eigene Rechengeschichten zum Busplan.

3 Schreibe die Buspläne für die Rückfahrt. Die einzelnen Fahrzeiten bleiben gleich.

Rückfahrt nach der 4. Stunde Abfahrt in Landing um 11:20 Uhr	
Ort	
Landing	ab 11:20 Uhr
Obereich	ab 11:24 Uhr

Rückfahrt nach der 5. Stunde Abfahrt in Landing um 12:15 Uhr	
Ort	
Landing	ab 12:15 Uhr

4

Ich laufe um 07:20 Uhr von zu Hause los.

Ich laufe um 07:15 Uhr von zu Hause los.

Ich laufe um 07:18 Uhr von zu Hause los.

Eva   Suri   Ahmet

Die Kinder laufen zur Haltestelle und fahren mit dem Bus zur Schule.

a) Wie lange brauchen die Kinder jeweils von zu Hause bis zur Schule?

b) Wer braucht am längsten in die Schule? Wer am kürzesten?

Beim Umgang mit Uhrzeiten...

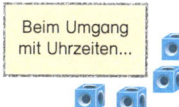

Im Internet oder vor Ort regionale Busfahrpläne recherchieren.

Kalender

| Januar | | | | | | |
Mo	Di	Mi	Do	Fr	Sa	So
				1	2	3
4	5	6	7	8	9	10
11	12	13	14	15	16	17
18	19	20	21	22	23	24
25	26	27	28	29	30	31

| Februar | | | | | | |
Mo	Di	Mi	Do	Fr	Sa	So
1	2	3	4	5	6	7
8	9	10	11	12	13	14
15	16	17	18	19	20	21
22	23	24	25	26	27	28

| März | | | | | | |
Mo	Di	Mi	Do	Fr	Sa	So
1	2	3	4	5	6	7
8	9	10	11	12	13	14
15	16	17	18	19	20	21
22	23	24	25	26	27	28
29	30	31				

| April | | | | | | |
Mo	Di	Mi	Do	Fr	Sa	So
		1	2	3	4
5	6	7	8	9	10	11
12	13	14	15	16	17	18
19	20	21	22	23	24	25
26	27	28	29	30		

| Mai | | | | | | |
Mo	Di	Mi	Do	Fr	Sa	So
					1	2
3	4	5	6	7	8	9
10	11	12	13	14	15	16
17	18	19	20	21	22	23
24	25	26	27	28	29	30
31						

| Juni | | | | | | |
Mo	Di	Mi	Do	Fr	Sa	So
1	2	3	4	5	6
7	8	9	10	11	12	13
14	15	16	17	18	19	20
21	22	23	24	25	26	27
28	29	30				

| Juli | | | | | | |
Mo	Di	Mi	Do	Fr	Sa	So
		1	2	3	4
5	6	7	8	9	10	11
12	13	14	15	16	17	18
19	20	21	22	23	24	25
26	27	28	29	30	31	

| August | | | | | | |
Mo	Di	Mi	Do	Fr	Sa	So
						1
2	3	4	5	6	7	8
9	10	11	12	13	14	15
16	17	18	19	20	21	22
23	24	25	26	27	28	29
30	31					

| September | | | | | | |
Mo	Di	Mi	Do	Fr	Sa	So
	1	2	3	4	5
6	7	8	9	10	11	12
13	14	15	16	17	18	19
20	21	22	23	24	25	26
27	28	29	30			

| Oktober | | | | | | |
Mo	Di	Mi	Do	Fr	Sa	So
				1	2	3
4	5	6	7	8	9	10
11	12	13	14	15	16	17
18	19	20	21	22	23	24
25	26	27	28	29	30	31

| November | | | | | | |
Mo	Di	Mi	Do	Fr	Sa	So
1	2	3	4	5	6	7
8	9	10	11	12	13	14
15	16	17	18	19	20	21
22	23	24	25	26	27	28
29	30					

| Dezember | | | | | | |
Mo	Di	Mi	Do	Fr	Sa	So
1	2	3	4	5
6	7	8	9	10	11	12
13	14	15	16	17	18	19
20	21	22	23	24	25	26
27	28	29	30	31		

1 a) Wie viele Monate hat das Jahr?

b) Schreibe alle Monate auf.

2 a) Wie viele Tage haben die Monate jeweils?

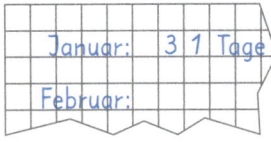

b) Unterstreiche die Monate mit 31 Tagen rot.

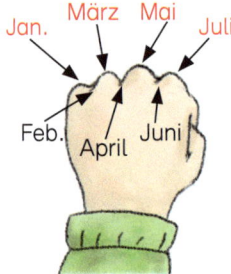
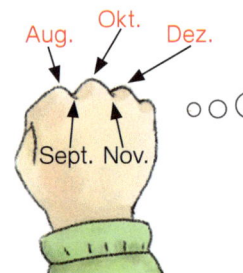

Zum Merken hilft die Faustregel. Die Knöchel zeigen die Monate mit 31 Tagen.

3 Schreibe das Datum kurz.

a) 11. März
15. Juni
31. Mai
4. Juli

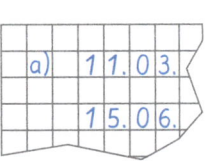

b) 11. September
30. Dezember
27. Oktober
11. November

c) 28. Februar
12. August
1. April
30. Januar

4 Schreibe das Datum ausführlich.

a) 17.11.

b) 01.02.

c) 30.03.

d) 24.12.

e) 01.06.

f) 15.10.

g) 31.12.

h) 01.05.

i)

Aktuellen Kalender nutzen.
4 i) Offene Aufgabe.

5 An welchem Wochentag im abgebildeten Kalender haben die Kinder Geburtstag?

Tilo — 3. Jan.
Marie — 6. Mai
Soner — 16. April
Lara — 30. März
Sven — 25. Nov.
ich

6 Schreibt eine Geburtstagsliste für eure Klasse.

a) In welchem Monat haben die meisten Kinder Geburtstag?

b) Wer ist das jüngste Kind in eurer Klasse?

c) Wer ist das älteste Kind in eurer Klasse?

7 Welcher Wochentag ist es im abgebildeten Kalender?

a) 1. Januar      b) 1. Mai   c) 1. April

d) Allerheiligen   e) 24. Dezember   f) Silvester

g) Ostersonntag   🐬 h) Tag der Deutschen Einheit   🐬 i) 29. Februar

8 Maria hat am 12. Januar Geburtstag. Wie viele Tage dauert es bis zum Geburtstag

a) ihrer besten Freundin am 19. Januar,   b) ihrer Schwester am 27. Januar,

c) ihrer Oma am 5. Februar?

9 Wie viele Wochen sind jeweils vergangen?

a) vom 8. März bis zum 22. März   b) vom 1. März bis zum 29. März

c) vom 15. August bis zum 26. September

10 Wie viele Monate sind jeweils vergangen?

a) von Neujahr bis Silvester   b) von Neujahr bis zu den Sommerferien

🐬 c) von Frühlingsanfang bis zum Sommeranfang

? **11** Kann das stimmen?

a) Ein Jahr hat 31 Tage.

b) Der Mai hat 32 Tage.

c) Juni und Juli haben zusammen mehr Tage als Oktober und Dezember.

🐬 d) Es gibt mehr Schultage als schulfreie Tage im Jahr.

🐬 e) Der Februar hat 29 Tage.

🐬 f) Das Jahr hat 365 Tage.

7 Über die Bedeutung dieser Tage sprechen.
11 Drei Aussagen stimmen nicht.

1 Alle Kinder einer Schule wurden zum Thema Frühstück befragt.

Klasse	ich frühstücke		
	zu Hause	in der Schule	gar nicht
1	9	5	3
2a	6	9	1
2b	9	6	2
3	8	11	1
4	5	9	7

a) Wie viele Kinder der Klasse 2a frühstücken in der Schule?

b) In welcher Klasse frühstücken die meisten Kinder in der Schule?

c) Wie viele Kinder frühstücken in der Schule?

d) Wie viele Kinder sind insgesamt in der Schule?

Finde weitere Fragen. Rechne und antworte.

📖 Wortspeicher

die **Tabelle**

Klasse	ich frühstücke		
	zu Hause	in der Schule	gar nicht
1	9	5	3
2a	6	9	1
2b	9	6	2

2 Überprüft jeweils mithilfe der Tabelle. Entscheidet, ob richtig oder falsch.

a) 12 Viertklässler frühstücken zu Hause.　b) 15 Zweitklässler frühstücken in der Schule.

c) 14 Kinder frühstücken gar nicht.　d) Die meisten Kinder frühstücken in der Schule.

e) Die vierte Klasse hat die meisten Kinder.　　f) In der dritten Klasse sind 20 Kinder.

g) In der Schule sind 33 Zweitklässler.　h) Alle Kinder essen mittags zu Hause.

3 Die Klasse 2b will ein gesundes Frühtück zubereiten. Marie hat die Wünsche der Kinder in einer Strichliste notiert. Marius hat ein Balkendiagramm gezeichnet.
Tom hat eine Tabelle angelegt.

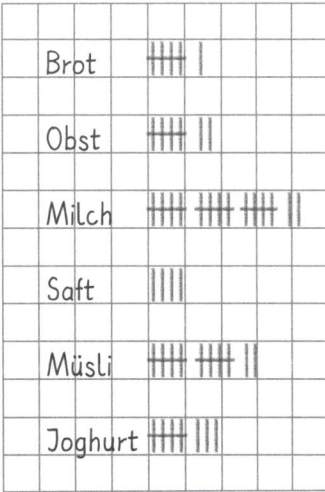

Marie

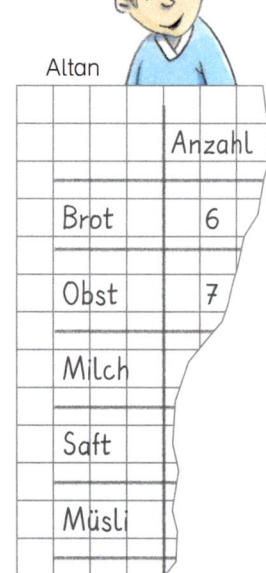

Marius

Altan

	Anzahl
Brot	6
Obst	7
Milch	
Saft	
Müsli	
Joguhrt	

Zeichne und ergänze die Darstellungen von Marius und Tom.

👥 Vergleicht eure Vorgehensweisen.

2 Eine Aussage kann nicht mit der Tabelle überprüft werden.
Die Seiten 118 und 119 können zum jahrgangskombinierten Arbeiten verwendet werden
vgl. Denken und Rechnen Klasse 1 Seiten 122 und 123.

1 Die Kinder der Klasse 1a nannten
ihre Wünsche für das gesunde Frühstück.

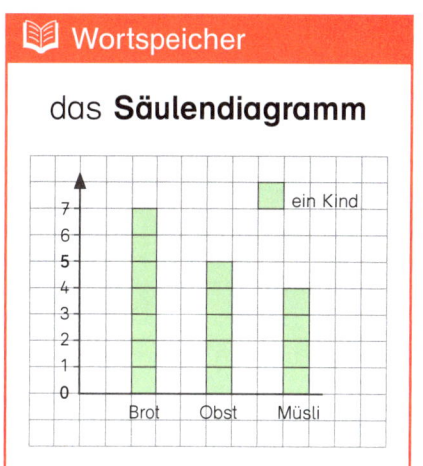

ein Kind der 1a

a) Wie viele Kinder der Klasse 1a wünschen sich Joghurt?

b) Welcher Wunsch wurde von vier Kindern genannt?

2 Die Kinder der 1b nannten ihre Wünsche für ein gesundes Frühstück.
Zeichne eine Tabelle und übertrage die Ergebnisse des Säulendiagramms.

ein Kind der 1b

Ergebnisse der Klasse 1b

	Brot	Obst	Milch	Saft
1b	7	⬛	⬛	⬛

3 Die Kinder der 1c nannten ihre Wünsche.
Zeichne zur Tabelle ein Säulendiagramm.

	Brot	Obst	Milch	Saft
1c	6	3	5	4

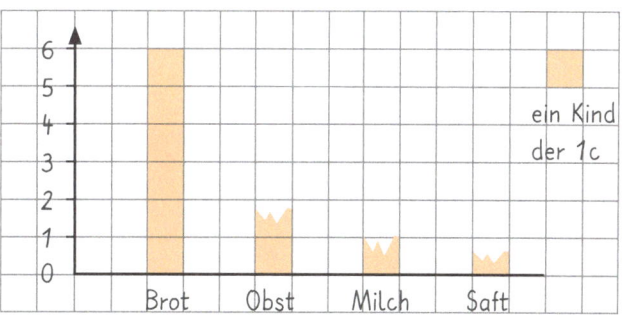

ein Kind
der 1c

4 Was wünscht ihr euch zum gesunden Frühstück?

a) Führt eine Umfrage durch und tragt
eure Ergebnisse
in eine Tabelle ein.

b) Zeichnet zu eurer Umfrage
ein Säulendiagramm.

Wie viele Kinder
möchten Obst?

Beim Umgang
mit Daten...

Wortspeicher nutzen.

4 Diff.: Umfrage in der Klasse, in der Jahrgangsstufe oder in der gesamten Schule durchführen.

1 Welche Rechenart passt? Schreibe Frage, Rechnung und Antwort.

A Anna hat 32 Murmeln. Beim Spiel verliert sie 19 Murmeln.

B Amelie ist 9 Jahre alt. Ihre Mutter ist 27 Jahre älter.

C Simon kauft 3 Fünferpackungen Hefte.

D Vater kauft vier Karten für das Puppentheater. Jede kostet 10 €.

E Julia verteilt 24 Spielkarten an drei Kinder.

2 Wähle zwei Rechenarten. Erfinde jeweils eine Rechengeschichte.

3 a) Die Kinder haben zu einer Malaufgabe Rechengeschichten erfunden. Eine passt nicht. Begründet.

A Lena ist 8 Jahre alt. Ihr Vater ist viermal so alt.

B Opa backt zum Geburtstag vier Kuchen. Aus jedem Kuchen schneidet er acht Stücke.

C Beim Einkaufen legt Mutter 4 Achterpackungen Joghurt in den Einkaufswagen.

D Elias war viermal im Kino und achtmal im Hallenbad.

E Vier Kinder kaufen zusammen ein Geschenk. Jedes Kind gibt 8 €.

b) Löse die anderen Geschichten.

c) Erfinde eigene Rechengeschichten zu der Aufgabe.

4 Löse die Rechengeschichten. Schreibe Rechnung und Antwort.

a) Anton hat 50 €. Er kauft sich
auf dem Flohmarkt fünf Bücher
für je 2 € und eine Kugelbahn für 18 €.
Wie viel Geld bleibt übrig?

a) R: 5 · 2 € = 1 0 €
10 € + 1 8 € =

Ich rechne zuerst aus,
wie viel die fünf Bücher
kosten. Dann...

b) Franzi hat 35 €. Sie kauft ein PC-Spiel
für 12 € und drei Rätselhefte für je 2 €.
Wie viel Geld hat sie noch?

c) Theresa hat rote, gelbe und
blaue Murmeln. Von jeder Farbe
hat sie neun Stück. Beim Spiel
gewinnt sie 14 Murmeln dazu.
Wie viele Murmeln hat sie jetzt?

d) Oma gibt Noah und seinen drei Brüdern
24 €. Sie verteilen das Geld gerecht.
Noah hat schon 12 € gespart.
Wie viel Geld hat er dann?

5 Löse die Aufgaben mithilfe einer Skizze. Vergleicht eure Skizzen.

a) Ein Spielplatz ist 35 m lang und 15 m breit.
Tina will einmal herumlaufen.
Wie viele Meter ist sie dann gelaufen?

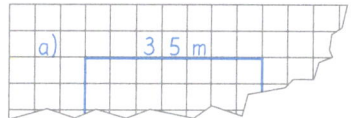

a)   3 5 m

b) Im Streichelzoo sind vier Hühner und sechs Hasen.
Wie viele Beine haben sie zusammen?

6 Welche Rechengeschichten könnt ihr nicht lösen? Erklärt.

A Ein Haus hat vier Stockwerke.
In jedem Stock sind gleich viele
Fenster. Wie viele Fenster
hat das Haus?

B Emma kauft einen Sturzhelm für 29 €
und einen Rückstrahler zu 5 €.
Wie viel muss sie bezahlen?

C Max hat zwölf Murmeln
mehr als Laura.
Laura hat 20 Murmeln.
Wie viele hat Max?

D Felix hat vier Kaninchen
und zwei Meerschweinchen.
Wie alt ist Felix?

E Nino hat Geld gespart.
Davon kauft er sich eine
neue Sporttasche für 25 €
und Knieschoner für 18 €.
Wie viel Geld bleibt übrig?

F Pia ist kleiner als Moritz.
Moritz ist 1 m 32 cm groß.
Wie groß ist Pia?

Schreibe
ein eigenes Rechen-
geschichtenbuch.

Beim Lösen
von Rechen-
geschichten...

1 Welche **Außenzahlen** passen?

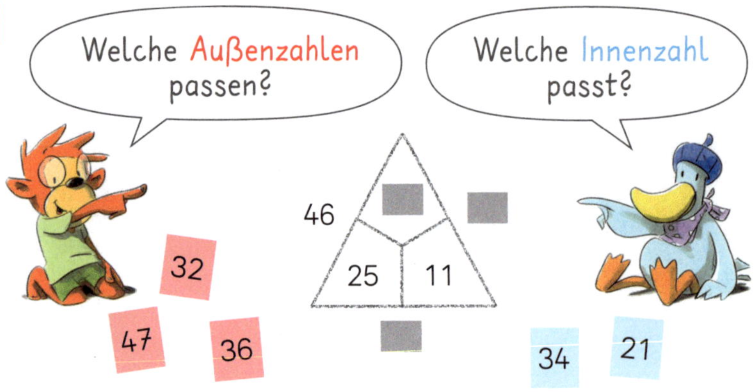

Welche **Innenzahl** passt?

32
47   36

46
⬜
25   11
⬜

34   21

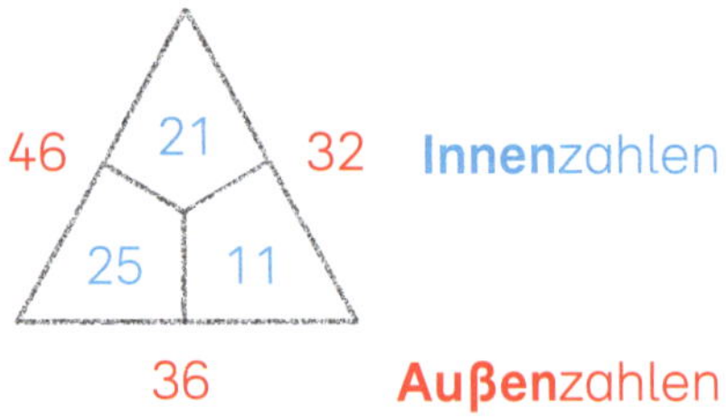

2 a)
⬜ 21 ⬜
28 8
⬜

b)
43 ⬜
14 13
⬜

c)
⬜ 14 ⬜
49 37
⬜

d)
⬜ 43 ⬜
37 23
⬜

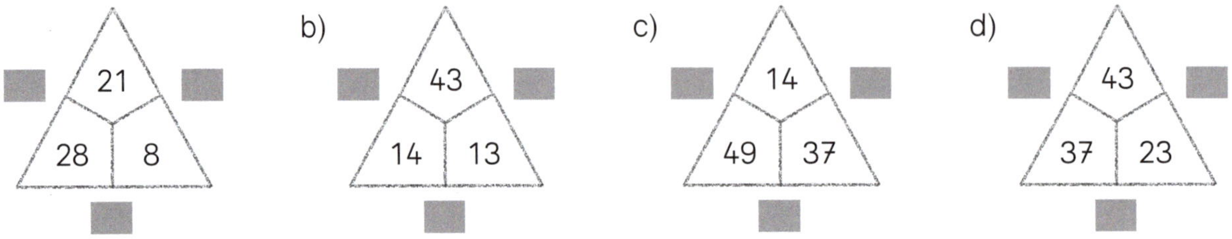

3 a)
19 9 ⬜
⬜ 31
⬜

b)
⬜ 14 33
8 ⬜
⬜

c)
61 36 ⬜
⬜ 53
⬜

d)
⬜ 63
⬜ 55
79

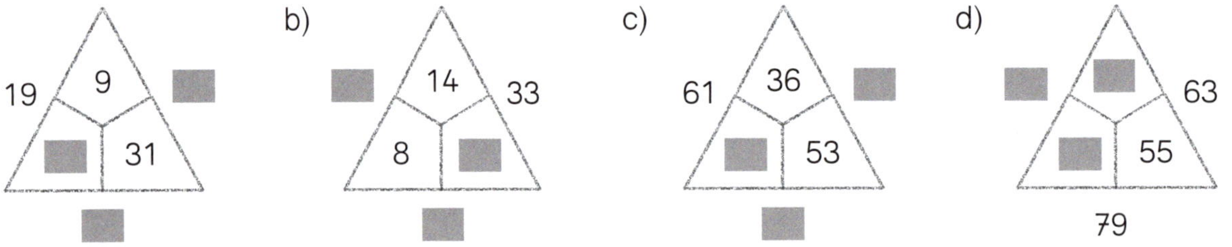

e)
80 ⬜ 100
21 ⬜
⬜

f)
68 ⬜ ⬜
47 ⬜
96

g)
⬜ 18 ⬜
⬜ 66
72

h)
⬜ ⬜ ⬜
⬜ ⬜
⬜

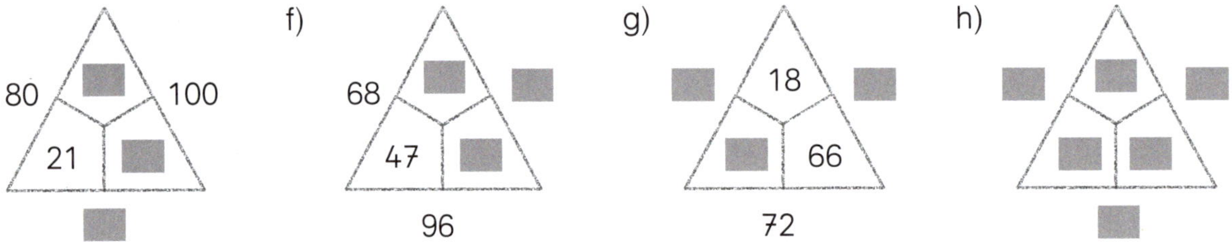

4 a) Rechnet. Erkennt ihr das Muster?

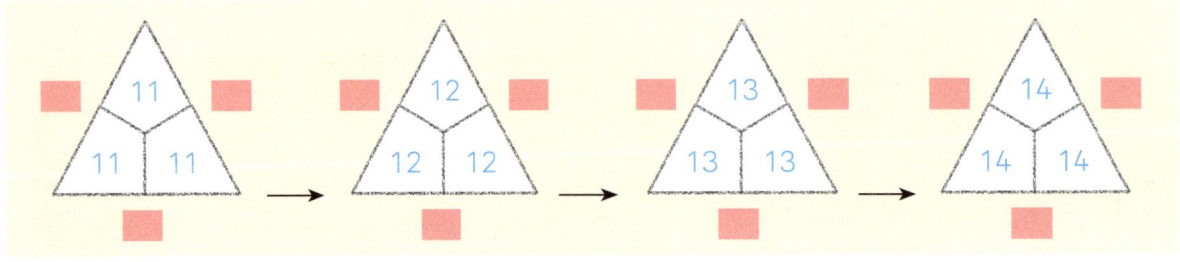

b) Beschreibt, wie die Rechendreiecke sich verändern:

Jede **Innen**zahl wird immer um ⬜ größer.

Deshalb wird jede **Außen**zahl immer um ⬜ größer.

Wortspeicher nutzen.
3 h) Offene Aufgabe.

5 Edda beschreibt das Muster so:

Jede **Innen**zahl wird immer um 2 größer.

Deshalb wird jede **Außen**zahl immer um ■ größer.

Setzt Eddas Muster fort und rechnet.

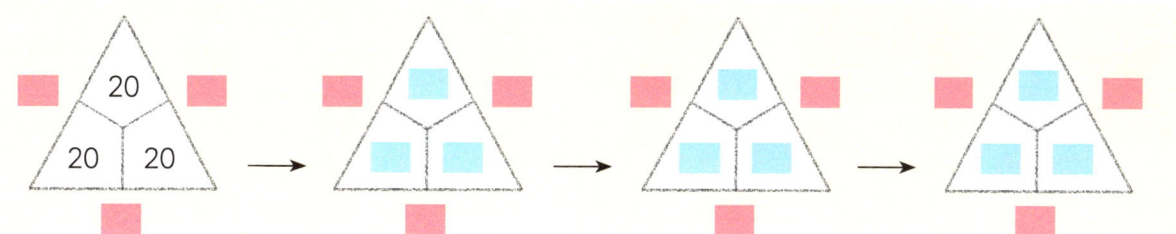

6 Forschen Erfinde Rechendreiecke. Die drei Innenzahlen müssen immer 30 ergeben.
Was ergeben die drei Außenzahlen?

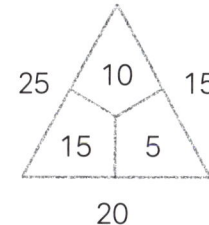

Innenzahlen:
15 + 5 + 10 = 30

Außenzahlen:
20 + 25 + 15 = ...

7 Knobeln Finde die fehlenden Zahlen.

a)

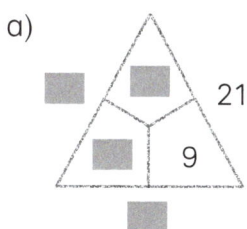

21

9

Alle Außenzahlen
ergeben ■.
Alle Innenzahlen
ergeben 39.

b)

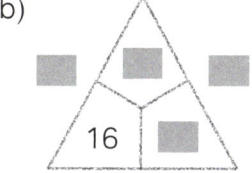

16

25

Alle Außenzahlen
ergeben 80.
Alle Innenzahlen
ergeben ■.

c)

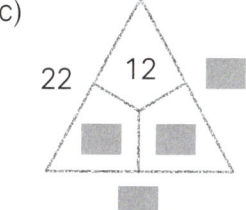

22 12

Alle Außenzahlen
ergeben 66.
Alle Innenzahlen
ergeben ■.

8 Kann das stimmen?

a) Wenn alle Innenzahlen ungerade sind,
dann sind alle Außenzahlen gerade.

b) Wenn alle Innenzahlen gerade sind,
dann sind alle Außenzahlen gerade.

c) Wenn alle Innenzahlen ungerade sind,
dann sind alle Außenzahlen ungerade.

Beim Arbeiten
mit Rechen-
dreiecken...

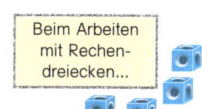

6 und 7 Die Summe der Außenzahlen ist jeweils das Doppelte der Summe der Innenzahlen.
6 Forscherheft nutzen.
8 Eine Aussage stimmt nicht.

AH 76

Die 7 Raben mit ihrer Schwester.

Die sieben Raben

Es war einmal eine Frau, die wünschte sich viele Kinder. Aber das Wünschen nutzte ihr nichts, denn sie bekam kein einziges. Einmal sagte sie leichtfertig, als sie an einem Kirchhof vorbeiging und die Raben um den Turm fliegen sah: „Ach hätte ich doch wenigstens sieben Söhne, und wenn es kleine, nette, schwarze Raben wären, ich wäre froh darüber."
Bald darauf sollte sie ein Kind bekommen...

1

①

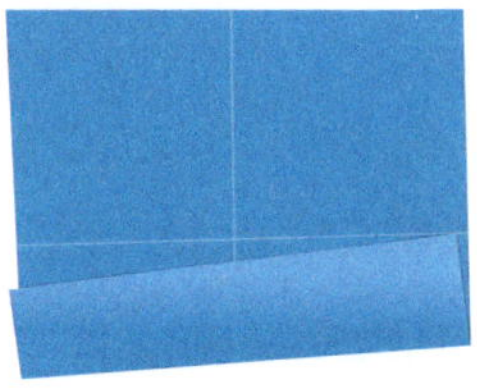

② Falte in vier Quadrate.

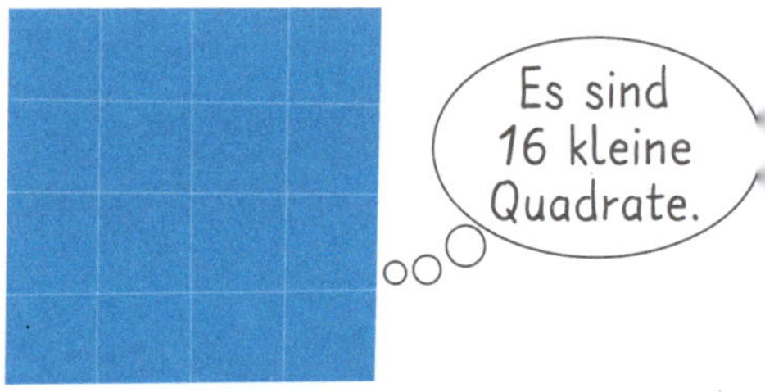

③

Es sind 16 kleine Quadrate.

④  Falte zum Dreieck, öffne wieder.

⑤ Falte von links nach rechts.

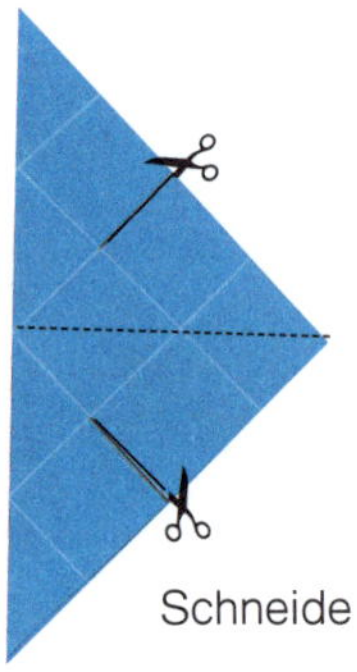

⑥ Schneide ein.

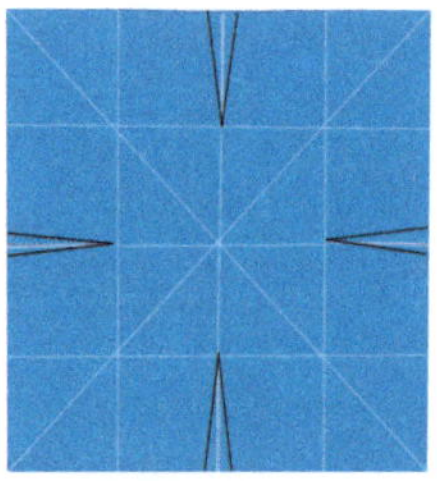

⑦ Öffne.

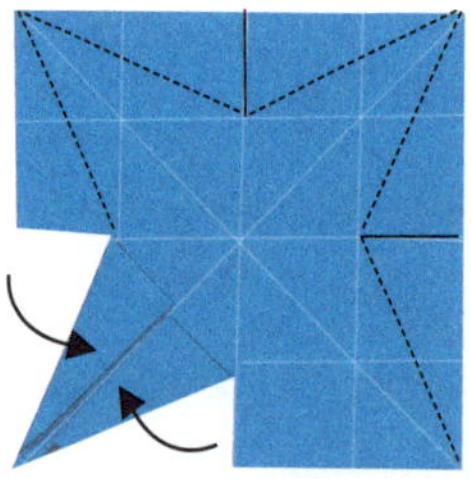

⑧ Falte die Ecken zum Stern.

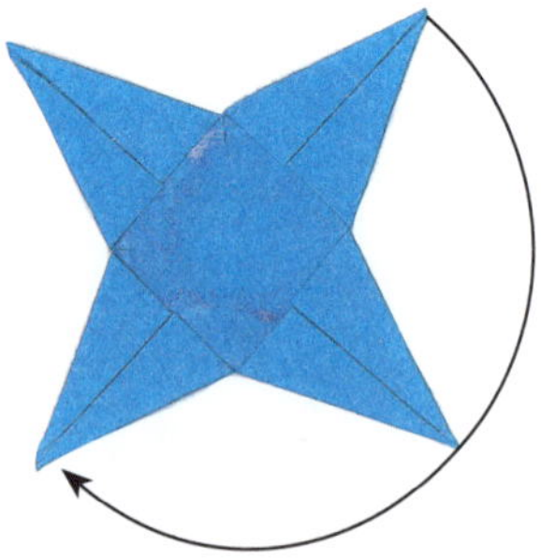

⑨ Spitze auf Spitze.

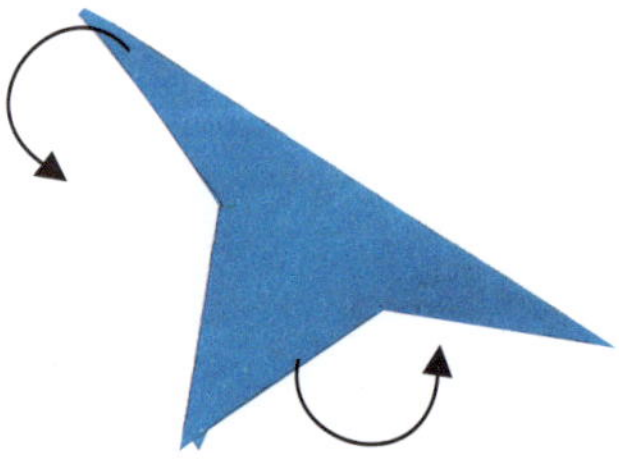

⑩ Knicke den Schnabel ab. Klappe die Flügel seitlich auf.

⑪

2 Gestaltet ein Bild zum Märchen.

Eigene Faltideen ausprobieren und der Klasse vorstellen.

Muster

1 Erklärt, wie das Muster entsteht.

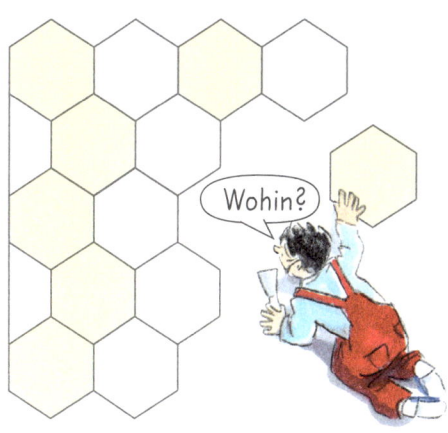

2 Überlege, wie das Muster entsteht. Übertrage es in dein Heft und setze fort.

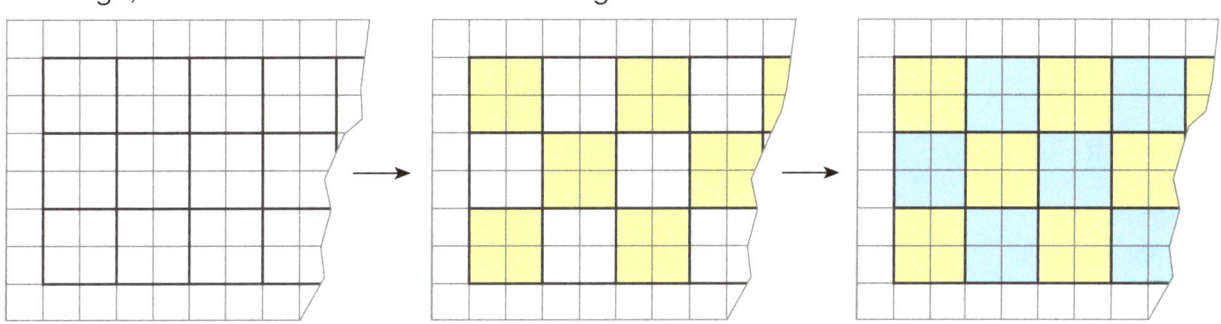

3

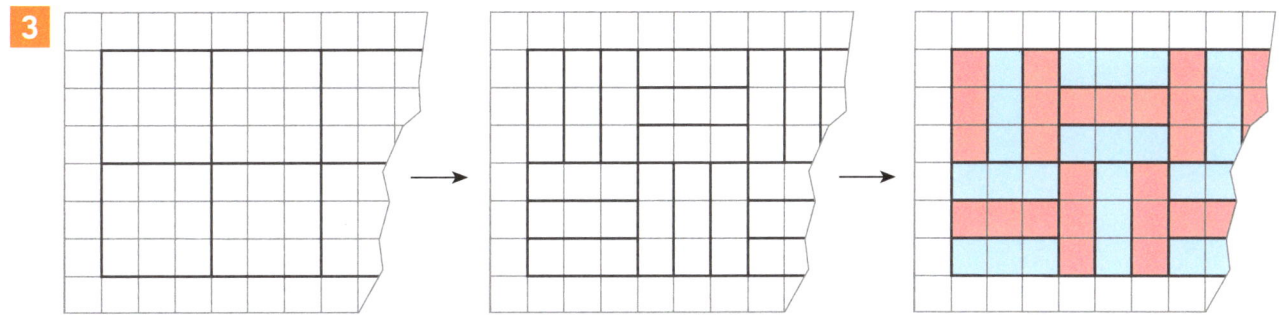

4 Erklärt, wie die Muster entstehen. Zeichnet sie ins Heft, setzt fort und vergleicht.

a) 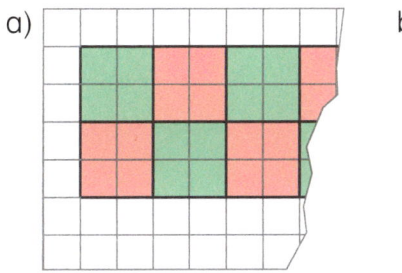 b) 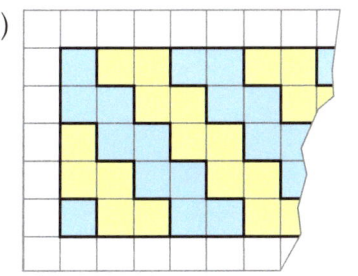 c)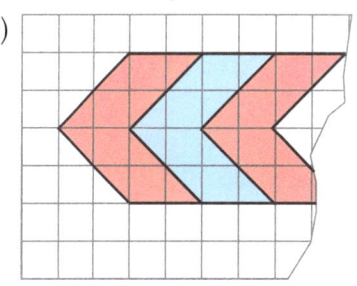

5 Erfinde selbst Muster. Macht eine Ausstellung.

Besprecht, ob ihr Fehler in den Mustern entdeckt.

Evtl. Muster in der Umwelt suchen.

Beim Umgang mit Mustern...

Hotel
Freibad
Post
Schule
Schulstraße
Gemeindestraße
Zirkus
Kreisstraße
Rathaus
Arzt
Rotes Kreuz
Polizei
Gasthaus
Kino
Bahnhofstraße
Burgstraße
Sonnenstraße
Eis

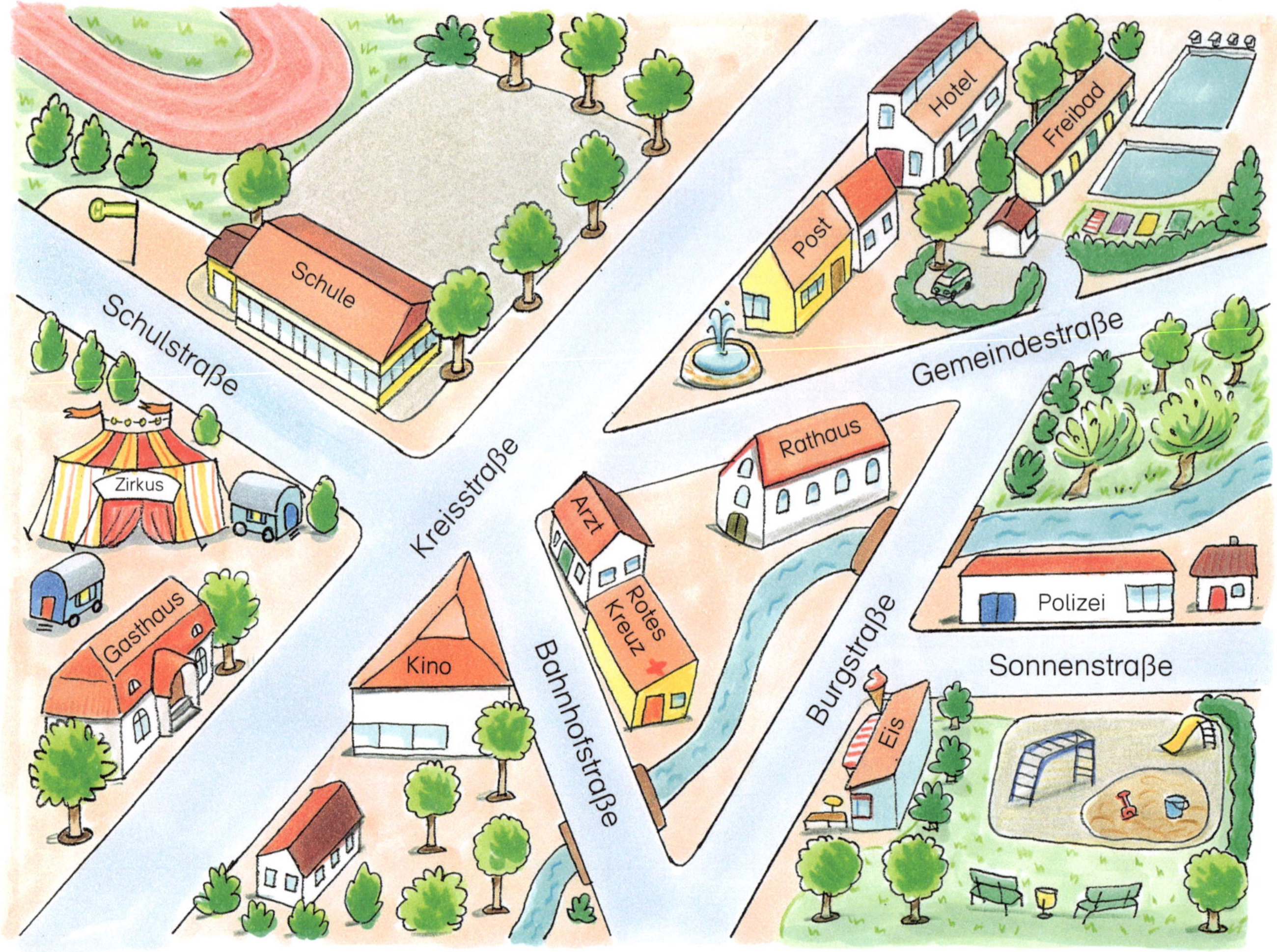

1 Besprecht, was ihr alles am Stadtplan sehen könnt.

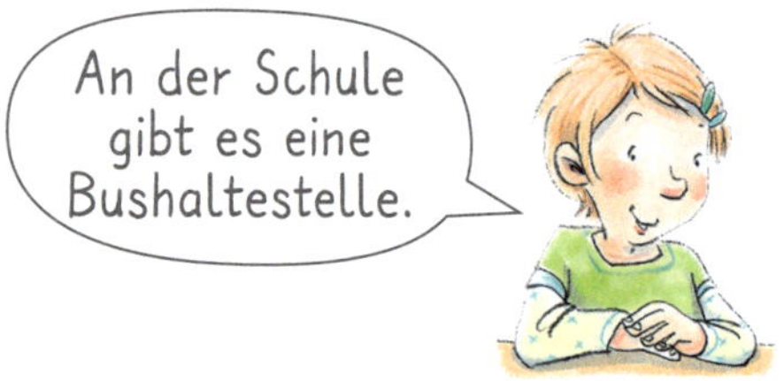

An der Schule gibt es eine Bushaltestelle.

Und die Schule liegt an der Schulstraße.

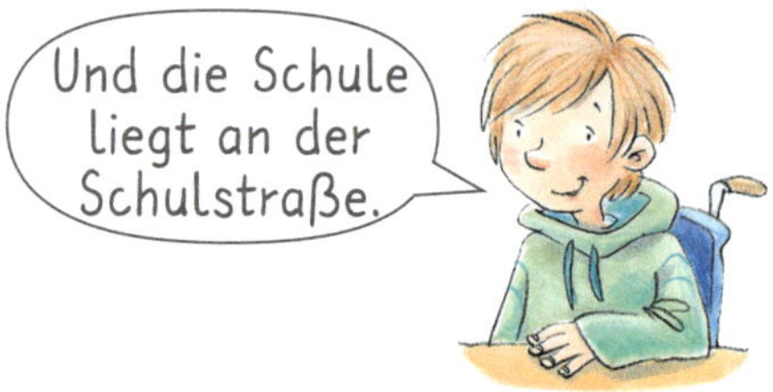

2 Sucht die abgebildeten Ausschnitte am Stadtplan.
Beschreibt, wo ihr sie jeweils findet.

a)
Rotes Kreuz

b)

c)
Hotel

d)
Burgstraße
Eis

e)
Zirkus

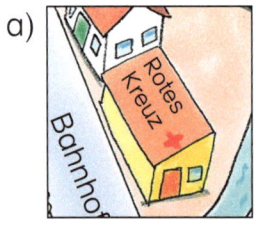

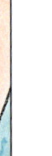

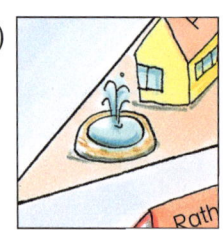

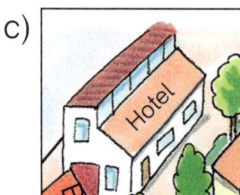

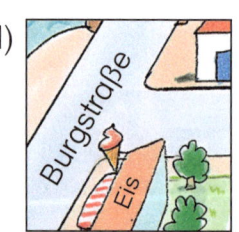

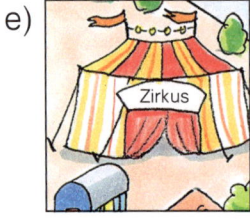

f)

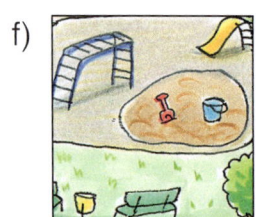

g)

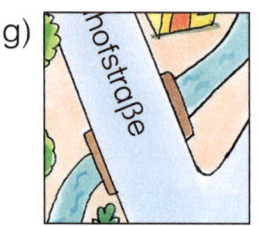

h)

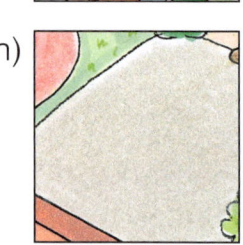

3 An welcher Straße findet ihr diese Gebäude?

a) | die Post | b) | die Polizei | c) | das Rathaus | d) | das Kino |

4 Welche Gebäude stehen
a) an der Kreisstraße?   b) an der Bahnhofstraße?   c) an der Schulstraße?

5 Emil und Edda stehen an der Haltestelle der Schule.

Ich gehe jetzt zum Spielplatz und treffe mich dort mit Leo.

Ich gehe zum Arzt und dann ins Freibad.

Welche Wege werden Emil und Edda gehen? Vergleicht und besprecht.

6 Lisa findet vor der Schule an der Bushaltestelle eine schöne Uhr.
Sie will den Fund bei der Polizei abgeben. Besprecht, welchen Weg Lisa gehen kann.

7 a) Ihr geht vom Hotel aus die Kreisstraße entlang.
Welche Gebäude seht ihr auf der linken Seite, welche auf der rechten Seite?
b) Ihr geht vom Freibad die Gemeindestraße entlang und
lauft dann durch die Bahnhofstraße.
Welche Gebäude seht ihr auf der linken Seite, welche auf der rechten Seite?

8 Ihr lauft von der Schule zum Roten Kreuz und dann ins Freibad.
a) Welchen Weg wählt ihr?
b) Welche Gebäude seht ihr auf der linken Seite, welche auf der rechten Seite?

9 Wer hat den kürzesten Schulweg, wer den weitesten?

a) Vera wohnt zwischen dem Hotel und der Post.

b) Felix wohnt in einem Wohnwagen beim Zirkus.

c) Leon wohnt neben der Polizei.

d) Freddi wohnt neben dem Kino.

10 Wer hat in eurer Klasse den längsten, wer den kürzesten Schulweg?

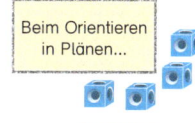

Beim Orientieren in Plänen...

Wege auch innerhalb von Gebäuden z.B. im Schulhaus beschreiben.

1 Welches Kind hat welches Foto gemacht?

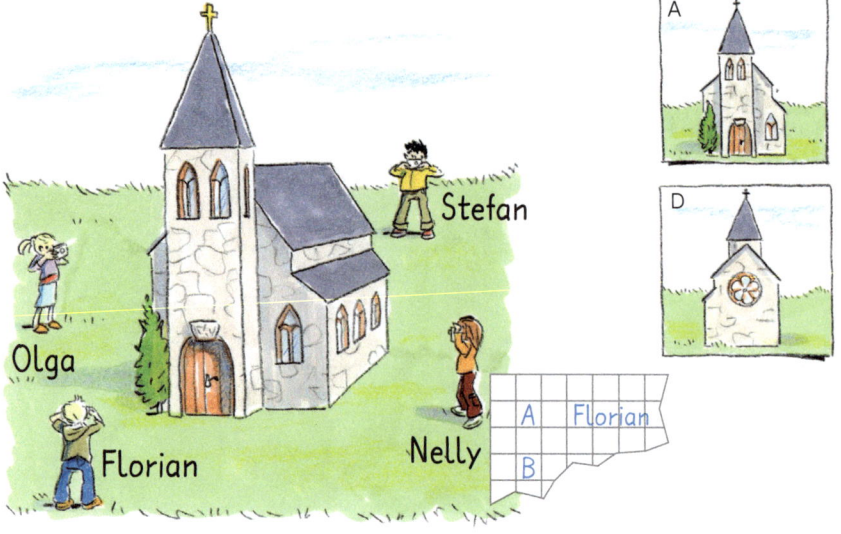

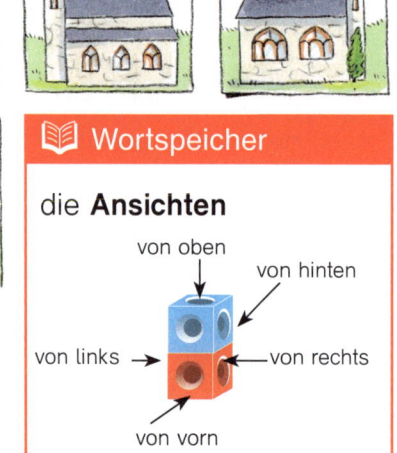

Wortspeicher

die **Ansichten**

von oben
von hinten
von links →
← von rechts
von vorn

2 Baut nach. Schaut von allen Seiten.
Von welcher Seite sind die Ansichten gezeichnet?

a)

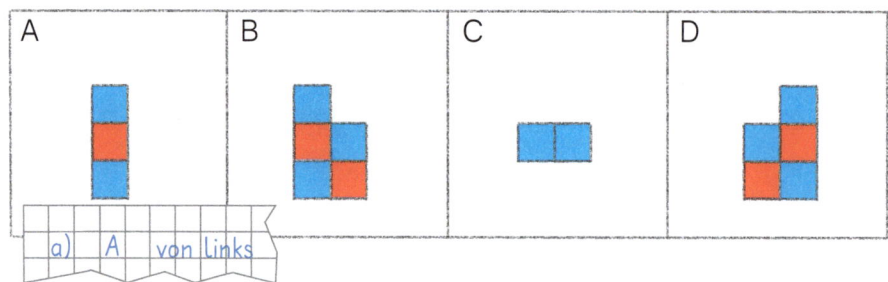

a) A von links

b)

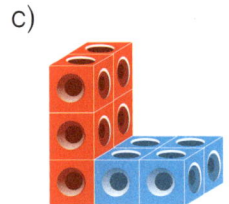

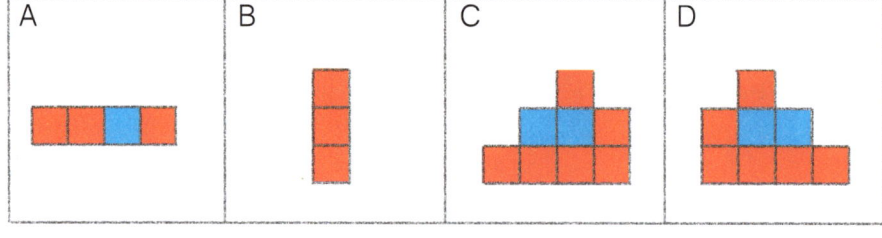

c)

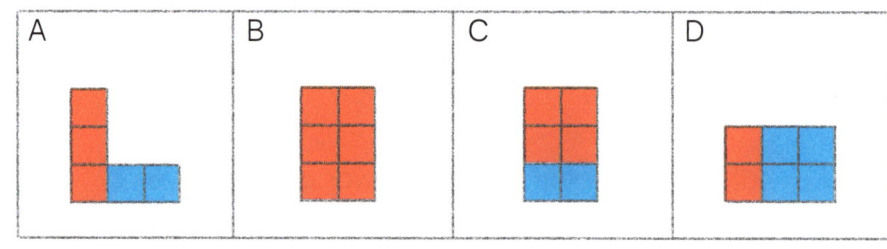

d)

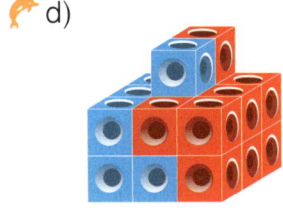

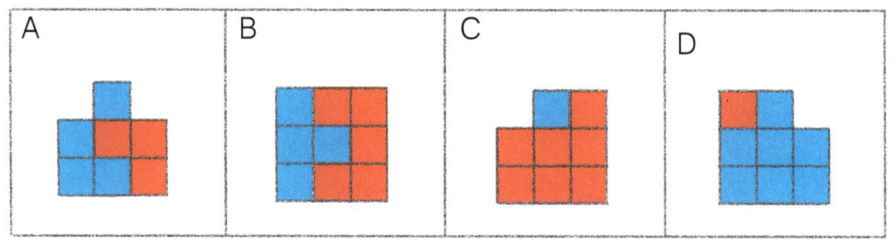

Wortspeicher nutzen.

Abschätzen der Größenordnung – Fermi-Aufgabe

1

$43 + 38$

Ich rechne $40 + 40$. Das Ergebnis ist ungefähr 80.

Ich rechne $50 + 40$. Das Ergebnis muss kleiner als 90 sein.

Ich rechne $40 + 30$. Das Ergebnis muss größer als 70 sein.

2 Wie groß muss das Ergebnis ungefähr sein? 30, 60 oder 90?

ungefähr 30	ungefähr 60	ungefähr 90

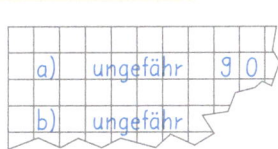

a) ungefähr 9 0
b) ungefähr

a) $48 + 37$	b) $15 + 44$	c) $64 + 28$ d) $37 + 58$
e) $52 + 41$	f) $23 + 11$	g) $41 + 17$ h) $18 + 36$
i) $19 + 13$	j) $48 + 49$	k) $22 + 11$ l) $17 + 18$

3

ungefähr 20	ungefähr 50	ungefähr 80

Ungefähr?

a) $100 - 22$	b) $48 - 23$	c) $77 - 28$	d) $72 - 48$
e) $80 - 32$	f) $98 - 81$	g) $95 - 20$	h) $94 - 17$
i) $65 - 43$	j) $97 - 45$	k) $82 - 61$	l) $96 - 48$

FERMI

4 Fermi-Aufgabe

Wie viele Arbeitsblätter kann man nebeneinander auf alle Schülertische eures Klassenzimmers legen?

Es gibt Aufgaben mit wenigen Informationen. Diese muss man sich selbst beschaffen, oder man muss schätzen. Solche Aufgaben nennt man Fermi-Aufgaben. Sie können unterschiedliche Lösungen haben.

Wie viele passen auf einen Tisch?

Müssen wir alle auslegen und zählen?

Wie viele Tische sind es in der Klasse?

So könnt ihr Fermi-Aufgaben lösen:

1. Jeder überlegt für sich mögliche Lösungswege.

2. Besprecht diese dann mit eurem Partner. Schreibt eure Lösungswege auf Plakate.

3. Erklärt, besprecht und vergleicht eure Lösungswege.

Die Fragen der Kinder helfen euch bei der Lösung.

1 bis **3** Auf Rundungsregeln noch verzichten. Es geht um die ungefähre Größenordnung.

129

1 a) Ergänze alle ungeraden Zahlen auf 30.

21	38	19	46	36	11	3

44	22	23	40	17	34	13

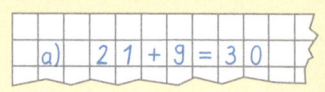

a)   21 + 9 = 30

b) Ergänze alle geraden Zahlen auf 50.

2 Löse die Zahlenrätsel.

a) Meine Zahl hat drei Zehner und neun Einer.

b) Meine Zahl findest du genau vor 91 und nach 89.

c) Meine Zahl ist kleiner als 20. Sie hat doppelt so viele Einer wie Zehner.

d) Die Nachbarzahlen meiner Zahl sind 9 und 11.

e) Meine Zahl ist größer als 98 und kleiner als 100.

f) Meine Zahl steht zwischen 40 und 50. Sie hat sieben Einer.

3 Ordne die Zahlen nach der Größe.

a)

45	5	95	35	25	75

b)

12	77	9	98	51	89

c)

4	19	83	1	57	68

d)

62	75	34	3	89	57

4 Setze ein. > < =

a) 57 ⬤ 13
36 ⬤ 63
63 ⬤ 62
74 ⬤ 69

b) 13 ⬤ 57
17 ⬤ 17
59 ⬤ 95
20 ⬤ 0

c) 62 ⬤ 62
79 ⬤ 97
14 ⬤ 7
47 ⬤ 74

d) 24 ⬤ 98
98 ⬤ 24
98 ⬤ 98
12 ⬤ 45

e) 16 ⬤ 61
92 ⬤ 47
0 ⬤ 99
50 ⬤ 5

5 Schreibe immer eine Lösung.

a) 40 + ▪ < 45
10 + ▪ < 25
30 + ▪ < 39
40 + ▪ < 41

b) 38 + ▪ > 41
23 + ▪ > 25
69 + ▪ > 70
70 + ▪ > 82

c) 65 − ▪ > 61
42 − ▪ > 35
51 − ▪ > 48
78 − ▪ > 72

d) 65 − ▪ < 61
42 − ▪ < 35
51 − ▪ < 48
37 − ▪ < 29

6 a) [49] [68] ⊕ [7] [6] [5]

b) [25] [36] [17] ⊕ [15] [28]

c) [47] [63] ⊖ [7] [3] [6]

d) [88] [56] [24] ⊖ [12] [17]

7
a)
```
26 +  7
26 + 17
26 + 27
26 + ▢
▢ + ▢
```

b)
```
35 + 20
34 + 21
33 + 22
32 + ▢
▢ + ▢
```

c)
```
54 −  6
54 − 16
54 − 26
54 − ▢
▢ − ▢
```

d)
```
84 − 26
83 − 25
82 − 24
81 − ▢
▢ − ▢
```

8
a)
```
1 · 6 = ▢
2 · 6 = ▢
10 · 6 = ▢
5 · 6 = ▢
```

b)
```
1 · 7 = ▢
2 · 7 = ▢
10 · 7 = ▢
5 · 7 = ▢
```

c)
```
1 · 8 = ▢
2 · 8 = ▢
10 · 8 = ▢
5 · 8 = ▢
```

d)
```
1 · 9 = ▢
2 · 9 = ▢
10 · 9 = ▢
5 · 9 = ▢
```

9 Suche aus den Zahlen die Quadratzahlen und schreibe die passende Quadrataufgabe.

17 49 25 7 21 100 62 6 64 51 36 26

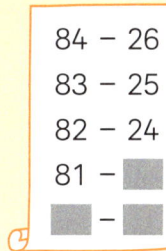

7 mal 7 ist eine Quadrataufgabe.

10
a)
```
▢ · 2 =  4
▢ · 2 = 16
▢ · 2 = 10
▢ · 2 =  0
```

b)
```
▢ · 4 = 20
▢ · 4 = 16
▢ · 4 = 24
▢ · 4 =  0
```

c)
```
▢ · 5 = 25
▢ · 5 =  5
▢ · 5 = 30
▢ · 5 =  0
```

d)
```
▢ · 10 =  60
▢ · 10 =  30
▢ · 10 = 100
▢ · 10 =   0
```

11
a)
```
12 = ▢ · 2
 8 = ▢ · 2
20 = ▢ · 2
 6 = ▢ · 2
```

b)
```
 4 = ▢ · 4
12 = ▢ · 4
28 = ▢ · 4
40 = ▢ · 4
```

c)
```
20 = ▢ · 5
35 = ▢ · 5
10 = ▢ · 5
45 = ▢ · 5
```

d)
```
90 = ▢ · 10
40 = ▢ · 10
80 = ▢ · 10
10 = ▢ · 10
```

12 Wie viele Karten bekommt jedes Kind? Verteile gerecht.

a) 16 Karten an 4 Kinder
18 Karten an 2 Kinder
35 Karten an 5 Kinder

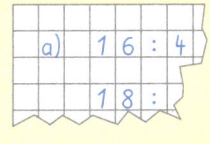

b) 30 Karten an 10 Kinder
25 Karten an 5 Kinder
24 Karten an 4 Kinder

13 Rechne. Setze fort.

a)
```
12 : 4 = 3
13 : 4 = 3 R ▢
14 : 4 = ▢
15 : ▢ = ▢
▢ : ▢ = ▢
```

b)
```
15 : 2 = ▢
16 : 2 = ▢
17 : 2 = ▢
18 : ▢ = ▢
▢ : ▢ = ▢
```

c)
```
27 : 5 = ▢
28 : 5 = ▢
29 : 5 = ▢
30 : ▢ = ▢
▢ : ▢ = ▢
```

d)
```
20 : 10 = ▢
22 : 10 = ▢
24 : 10 = ▢
▢ : ▢ = ▢
▢ : ▢ = ▢
```

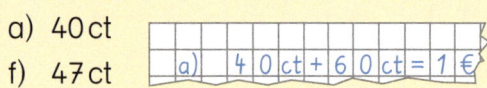

1€ = 100 ct

1 Wie viele Cent fehlen zu einem Euro?

a) 40 ct 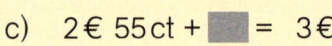 a) 4 0 ct + 6 0 ct = 1 €   b) 90 ct   c) 85 ct   d) 15 ct   e) 5 ct

f) 47 ct   g) 98 ct   h) 9 ct   i) 21 ct   j) 34 ct

2 a) 4 € 50 ct + ▇ = 5 €   a) 4 € 50 ct + 5 0 ct = 5 €   b) 3 € 85 ct + ▇ = 4 €

c) 2 € 55 ct + ▇ = 3 €   d) 45 € 80 ct + ▇ = 46 €

e) 21 € 30 ct + ▇ = 22 €   f) 11 € 85 ct + ▇ = 12 €   🐬 g) 12 € 25 ct + ▇ = 20 €

3 Wie lang sind jeweils die Strecken? Zeichne sie.

a) ⊢————————⊣   b) ⊢——————————————————⊣

c) ⊢—————————⊣   d) ⊢————————⊣   e) ⊢——————⊣

f) ⊢————————————————⊣   g) ⊢———⊣   h) ⊢—————⊣

4 Ordne nach der Größe.

a)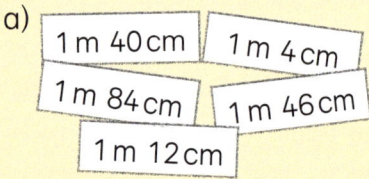

1 m 40 cm   1 m 4 cm
1 m 84 cm   1 m 46 cm
1 m 12 cm

b)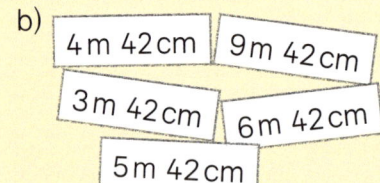

4 m 42 cm   9 m 42 cm
3 m 42 cm   6 m 42 cm
5 m 42 cm

c)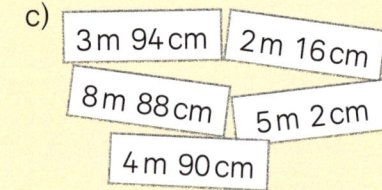

3 m 94 cm   2 m 16 cm
8 m 88 cm   5 m 2 cm
4 m 90 cm

5 Wie spät ist es? Schreibe beide Uhrzeiten auf.

a)    b)    c)    d)    e)

6 Wie viel Zeit ist vergangen?

a) 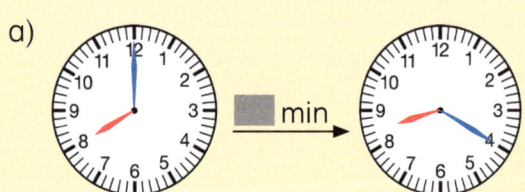 ▇ min

b)  ▇ min

c) 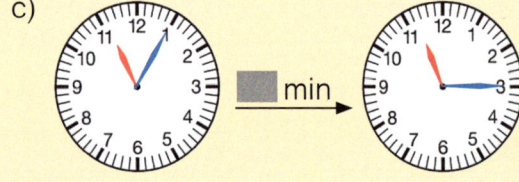 ▇ min

🐬 d)  ▇ min

1

Das ist eine Seite.

Rechne die drei Zahlen einer Seite zusammen. Was fällt dir auf?

$2 + 6 + 1 =$
$2 + 4 + 3 =$
$1 + 5 + 3 =$

b) Berechne auch hier die Zauberzahl.

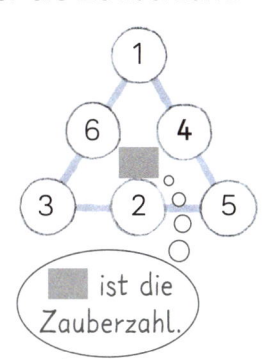

■ ist die Zauberzahl.

---

2 Finde jeweils die Zauberzahl.

a)
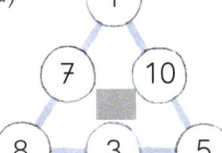

b)
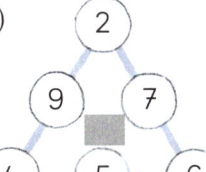

c)
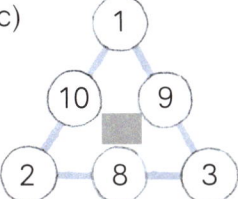

d)
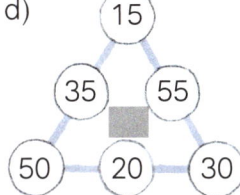

---

3 Zeichne selbst Zauberdreiecke und ergänze die fehlenden Zahlen richtig.

a)
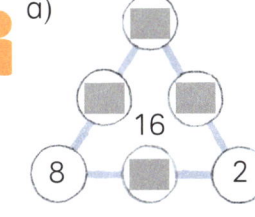
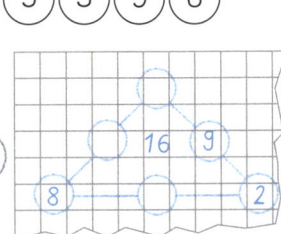

b)
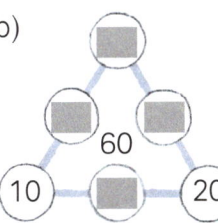

c)
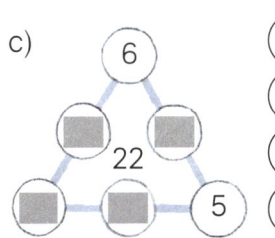

Vergleicht und besprecht, wie ihr vorgegangen seid.

---

4 Forschen

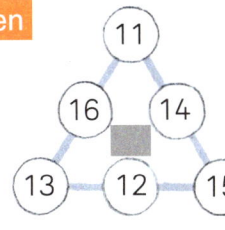

Was passiert mit der Zauberzahl, wenn du

a) jede Zahl um 1 vergrößerst?

b) jede Zahl um 2 vergrößerst?

c) jede Zahl um 3 verkleinerst?

d) jede Zahl verdoppelst?

---

5 Forschen Was fällt dir auf?

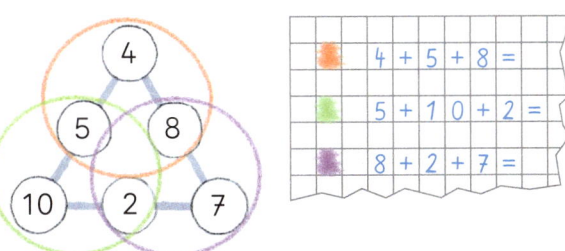

$4 + 5 + 8 =$
$5 + 10 + 2 =$
$8 + 2 + 7 =$

Prüfe auch bei diesen Zauberdreiecken.

a)
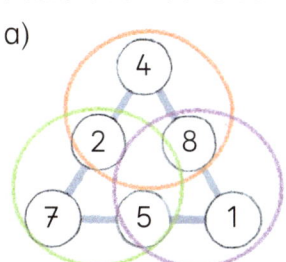

b)
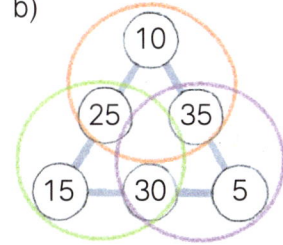

---

1 b) Die Zauberzahl ist die jeweils gleiche Summe der drei Seiten.
4 und **5** Forscherheft nutzen.

1 Knobeln

a) Lege nach.

Nimm
2 Stäbchen weg.
Es sollen ein großes und
ein kleines Dreieck übrig
bleiben.

b) Lege nach.

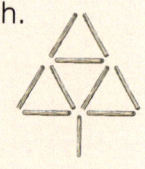

Lege
2 Stäbchen um.
Es entstehen
3 gleich große
Dreiecke.

c) Lege nach.

Lege
2 Stäbchen um.
Es entstehen
4 kleine Dreiecke.

d) Nimm 12 Stäbchen.

Lege möglichst viele
Dreiecke.

e) Lege nach.

Lege
4 Stäbchen um.
Es wird ein Haus.

f) Lege nach.

Wie viele
Dreiecke
siehst du?

2 Knobeln

a) Lisa und Marco haben zusammen
40 Stäbchen. Marco hat dreimal
so viele wie Lisa.
Wie viele Stäbchen hat jeder?

b) Eva hat 17 Stäbchen. Wenn sie
Jan eines abgeben würde, hätte
sie doppelt so viele wie er.
Wie viele Stäbchen hat Jan?

c) Lea hat weniger Stäbchen
als Sven aber mehr als Nina.
Wer besitzt die meisten Stäbchen,
wer die wenigsten? Ordne.

d) Ronja hat 12 Stäbchen.
Wenn sie Tom zwei abgeben
würde, hätten sie gleich viele.
Wie viele Stäbchen hat Tom?

e) Ali und Oliver haben zusammen 99 Stäbchen. Ali hat doppelt
so viele wie Oliver. Wie viele Stäbchen hat jeder?

3 Knobeln

a) Lege das Wort LESEN mit Stäbchen.
Wenn du zwei Stäbchen hinzufügst,
entsteht ein neues Wort. Wie heißt es?

b) Lege das Wort LIEGE mit Stäbchen.
Wenn du ein Stäbchen hinzufügst,
entsteht ein neues Wort. Wie heißt es?

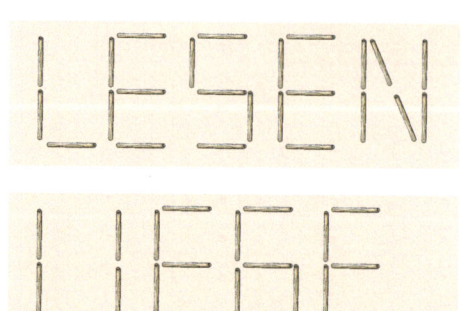

Zahlen

Gerade Zahlen kann man halbieren.

Ungerade Zahlen kann man nicht halbieren.

die **Stellenwerttabelle**

H	Z	E	
1	0	0	100

1 **H**underter sind 10 **Z**ehner

1 **H**underter sind 100 **E**iner

---

das **Hunderterfeld**

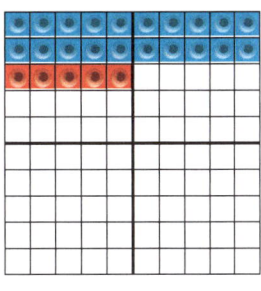

die **Hundertertafel**

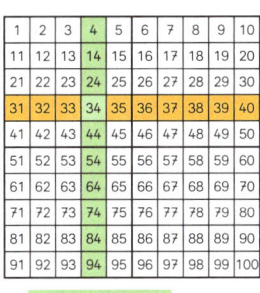

die 4. **Zeile**

die 4. **Spalte**

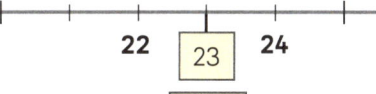

22   23   **24**

Vorgänger   Zahl   **Nachfolger**

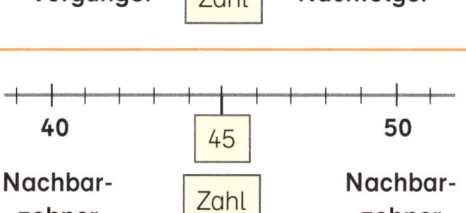

40   45   **50**

Nachbar-zehner   Zahl   **Nachbar-zehner**

Addieren, Subtrahieren, Multiplizieren und Dividieren

die **Gleich**ung
27 + 3 **=** 30

die **Ungleich**ungen
27 + 1 **<** 30
27 + 5 **>** 30

Tauschaufgaben

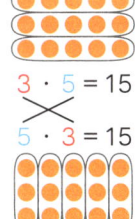

3 · 5 = 15

5 · 3 = 15

Tausche die
1. und die 2. Zahl.

Das Ergebnis
bleibt gleich.

Umkehraufgaben

23 + 8 = 31

31 − 8 = 23

Teilen

18 : 6 = 3

18 **geteilt** durch 6
ist gleich 3.

Umkehraufgaben

12 : 3 = 4

4 · 3 = 12

5 + 5 + 5 + 5

4 · 5

4 **mal** 5

Nachbaraufgaben

4 · 5 = 20   5 **weniger**

5 · 5 = 25

6 · 5 = 30   5 **mehr**

die **Aufgabenfamilie**

5   20   4

5 · 4 = 20

20 : 4 = 5

4 · 5 = 20

20 : 5 = 4

1 · 6 = 6
2 · 6 = 12
10 · 6 = 60
5 · 6 = 30

Die **Kernaufgaben**
helfen beim Lösen
der anderen Aufgaben.

Bei einer **Quadrataufgabe**
werden zwei gleiche Zahlen
malgenommen.

4 · **4** = **16**

Das Ergebnis einer
Quadrataufgabe heißt
Quadratzahl.

Teilen mit Rest

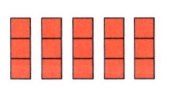

17 : 3 = 5   **R** 2

2 bleiben
als **R**est

17 geteilt durch 3
ist gleich 5 Rest 2

die **Zahlenmauer**

Zielzahl

Basiszahlen

das **Rechendreieck**

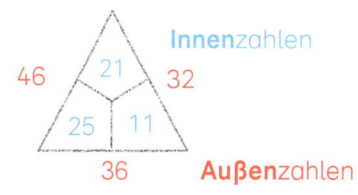

Innenzahlen

Außenzahlen

Geometrie

unter   über   links neben   rechts neben   vor   hinter   zwischen   auf

das **Viereck**   das **Dreieck**

4 Ecken   3 Ecken
4 Seiten   3 Seiten

Geometrische Körperformen

der **Würfel**   der **Quader**   die **Kugel**   der **Zylinder**   der **Kegel**   das **Prisma**   die **Pyramide**

der **geometrische Körper**

die Seitenfläche   die Ecke   die Kante

Jede **achsensymmetrische Figur** hat eine **Symmetrieachse**.

Der **Flächeninhalt** kann in **Maßquadraten** angegeben werden.

6 Maßquadrate

der **Umfang**

die **Ansichten**

von oben   von hinten   von links   von rechts   von vorne

Größen

Münze

Geldschein

€ bedeutet **Euro**
ct bedeutet **Cent**

1 € = 100 ct

1 Meter und 24 Zentimeter
1 m 24 cm

Minutenzeiger

7 Uhr oder 19 Uhr

Stundenzeiger

1 Tag hat **24 Stunden** (**24 h**)

1 **Meter** ist gleich 100 **Zentimeter**
1 m = 100 cm

Eine **Strecke** ist die kürzeste Verbindung zwischen zwei Punkten.

Wir zeichnen so: |——2 cm——|

Fingerbreit ungefähr **1 cm**   **Spanne** ungefähr **10 cm**   **2 Schritte** ungefähr **100 cm**

1 Stunde hat **60 Minuten**.
1 h = 60 min
Jeder Strich bedeutet 1 Minute.

07:00 Uhr / 19:00 Uhr
07:15 Uhr / 19:15 Uhr
07:30 Uhr / 19:30 Uhr
07:45 Uhr / 19:45 Uhr

Zeitpunkt 07:00 Uhr   **Zeitpunkt** 07:30 Uhr   **Zeitspanne**

15 min   30 min   45 min

Eine **Viertelstunde** hat **15 Minuten**.
Eine **halbe Stunde** hat **30 Minuten**.
Eine **Dreiviertelstunde** hat **45 Minuten**.

Daten, Häufigkeiten

die **Tabelle**

Klasse	ich frühstücke zu Hause	in der Schule	gar nicht
1	9	5	3
2a	6	9	1
2b	9	6	2
3	8	11	1
4	5	9	7

das **Säulendiagramm**

ein Kind

Brot   Obst   Müsli

Wahrscheinlichkeiten

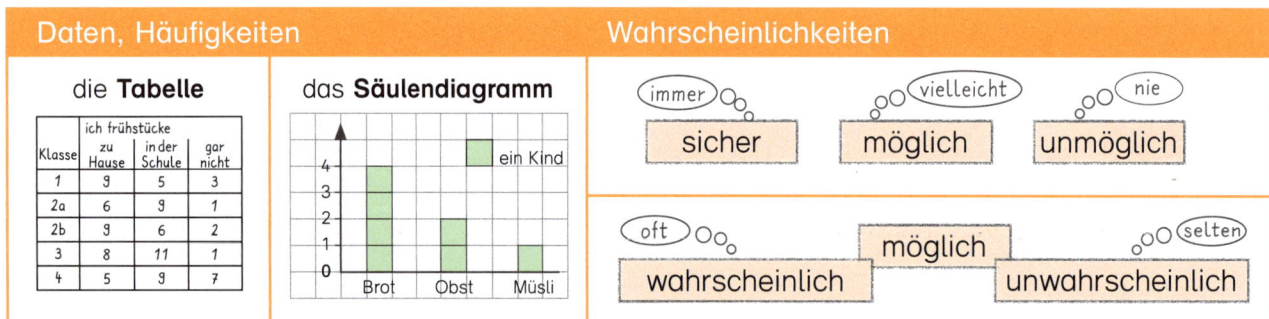

immer   vielleicht   nie

sicher   möglich   unmöglich

oft   möglich   selten

wahrscheinlich   unwahrscheinlich

Das Punktefeld

Die Hundertertafel

1	2	3	4	5	6	7	8	9	10
11	12	13	14	15	16	17	18	19	20
21	22	23	24	25	26	27	28	29	30
31	32	33	34	35	36	37	38	39	40
41	42	43	44	45	46	47	48	49	50
51	52	53	54	55	56	57	58	59	60
61	62	63	64	65	66	67	68	69	70
71	72	73	74	75	76	77	78	79	80
81	82	83	84	85	86	87	88	89	90
91	92	93	94	95	96	97	98	99	100

Der Zahlenstrahl

60   70   80   90   100

Die Einmaleinstafel

·	1	2	3	4	5	6	7	8	9	10
1										
2										
3										
4										
5										
6										
7										
8										
9										
10										

Die Einmaleinstabelle

·	1	2	3	4	5	6	7	8	9	10
1	1	2	3	4	5	6	7	8	9	10
2	2	4	6	8	10	12	14	16	18	20
3	3	6	9	12	15	18	21	24	27	30
4	4	8	12	16	20	24	28	32	36	40
5	5	10	15	20	25	30	35	40	45	50
6	6	12	18	24	30	36	42	48	54	60
7	7	14	21	28	35	42	49	56	63	70
8	8	16	24	32	40	48	56	64	72	80
9	9	18	27	36	45	54	63	72	81	90
10	10	20	30	40	50	60	70	80	90	100

Das Hunderterfeld